ストップ!!
国政の私物化

森友・加計、桜、学術会議の疑惑を究明する

上脇 博之
阪口 徳雄
前川 喜平
小野寺 義象
石戸谷 豊
岡田 正則
松宮 孝明

あけび書房

まえがき

　本書は、「桜を見る会」を追及する法律家の会が２０２０年10月30日に開催したオンライン市民集会「国政私物化をやめさせよう！　森友・加計・『桜』の徹底追及を」での各登壇者の報告を基に、その後の状況の進展にも即して大幅加筆・修正するとともに、追加の寄稿と資料を掲載しています。

　この集会では、森友学園、加計学園、桜を見る会、そして学術会議会員任命拒否と続く、安倍政権とこれを継承する菅政権における国政の私物化について、真相解明と徹底追及を求めるべく、これらの事件をそれぞれ追及している法律家と、首相側近の官邸支配に詳しい前川喜平氏の報告が行われました。

　あけび書房編集部としては、安倍・菅政権による政治の私物化・独裁化を追及するこの集会での各識者の考察と訴えを広く市民に伝え、自民党長期政権による腐敗・腐朽した政治の在り方を問うべく、今年２０２１年秋までには行われる衆議院総選挙での争点と有権者にとっての選択肢の一助となればと、関係諸氏のご協力を得て刊行に至りました。

本書の構成は以下のとおりです。

第1章「政権の国政私物化と政治的・法的病理現象」(上脇博之)では、本書の総論的な概括として、国政(公金・公的事業)の私物化や違法行為の横行という病理現象を生じさせた日本の政治的・法的状況を考察しています。私物化事件や立憲主義蹂躙を可能にした官邸主導政治の背景には、「戦争できる国」づくりのための改憲の先取りがあるとし、内閣官房機密費の使途不明金や、1994年の「政治改革」による小選挙区制と政党助成金制度の導入で自民党総裁の権限強化がなされたという、構造的問題を指摘しています。

第2章「森友事件をウヤムヤにしてはならない」(阪口徳雄)では、森友事件を追及する「国有地低額譲渡の真相解明を求める弁護士・研究者の会」と「政府の公文書のあり方を考える弁護士・研究者の会」の取り組みが紹介され、情報公開請求訴訟と国家賠償請求による追及の重要性が説かれています。

資料として、森友学園をめぐる財務省の公文書改ざん問題で、改ざんに加担させられ自死した同省近畿財務局職員・赤木敏夫さんの妻・雅子さんが、森友公文書改ざん損害賠償請求訴訟で述べられた陳述書全文を掲載しています。

第3章「加計学園問題と安倍・菅政権の国政私物化」(前川喜平)では、文科省時代での加計学園問題や審議会人事をめぐる官邸側の圧力の体験も述べつつ、加計学園問題での安倍首相

（当時）の関与は「愛媛県文書」という動かぬ証拠があるのに、安倍首相は虚偽答弁をしているとしています。

第4章「『桜を見る会』問題の追及の取り組み」（小野寺義象）では、「桜を見る会」を追及する法律家の会の結成から1年にわたる活動が紹介され、10・30市民集会以後にも11月23日に東京地検特捜部の「桜を見る会・前夜祭」捜査の報道がなされるなど情勢が急展開し、今日に至る状況について報告されています。

第5章「桜を見る会へのジャパンライフ会長の招待問題」（石戸谷豊）では、ジャパンライフ被害者の弁護団の立場から、マルチ商法で知られ預託商法による詐欺容疑で起訴された同社代表の山口被告が安倍首相主催「桜を見る会」に招待され、その招待状を預託商法の宣伝材料に利用した問題について、悪徳業者に利用された政治家とともに首相はじめ内閣官房・内閣府の責任を問うています。

第6章「学術会議会員任命拒否の違憲・違法性」（岡田正則）では、菅首相に任命拒否された当事者として、首相には「人事を通じた監督権」や学術会議会員の選任権は与えられていないことなど、任命拒否は明白な違憲・違法性があるとしています。

第7章「学問の自由を侵害する学術会議会員任命拒否」（松宮孝明）でも、任命拒否された当事者として、この問題は軍事研究への抵抗排除の布石であることからも学問の自由を侵害しており、戦争の反省の上に立って創立された学術会議が軍事研究に反対するのは思想的存立基盤にあると強調しています。

本書を編集している時点でも、「森友・加計」・「桜」・「学術」の疑惑だけにとどまらない疑惑・事件が続いています。放送局に勤める菅首相の長男が利害関係のある総務省幹部ほかと会食し、国家公務員倫理規程に違反する疑いが生じています。２０１９年参院選をめぐる大型買収事件で公選法違反（買収、事前運動）の有罪判決を下された河井案里元参議院議員と公判中の元法相の河井克行被告に、彼らの選挙買収の原資となった選挙資金の大部分の1億２０００万円が政党助成金で賄われたことが明らかになっています。２０２０年9月の自民党総裁選挙の時期に、官房機密費の「政策推進費」が４８２０万円使われており、官房長官だった菅氏が総裁選の資金に公金流用したのではないかと国会で追及されています。

数々の失政と不祥事で内閣支持率は急落しているので、本書刊行の時点では、菅首相は退陣しているかもしれません。しかし、菅政権が倒れたとしても、本書で明らかにしている国政私物化の疑惑は、自民党政権が続いている限りは真相究明と責任追及は徹底できません。それゆえ、本書で明らかにしている国政私物化事件の諸問題については、私たち市民が風化させず問い続けなければならない国政の課題としてお読みいただければ幸いです。

２０２1年3月

あけび書房代表　岡林 信一

目次●　ストップ!!　国政の私物化―森友・加計、桜、学術の疑惑を究明する

神戸学院大学法学部教授
上脇　博之

第6章　学術会議会員任命拒否の違憲・違法性

早稲田大学大学院法務研究科教授
岡田　正則

第7章 学問の自由を侵害する学術会議会員任命拒否

193

立命館大学大学院法務研究科教授
松宮 孝明

コロナ禍対策の失敗と同根の問題／軍事研究への抵抗排除の布石
学術会議は何をする組織なのか／学問の自由の意味
本当に改革すべきことは何か／懸念される解釈の暴走と独裁

第1章
政権の国政私物化と政治的・法的病理現象

神戸学院大学法学部教授
上脇 博之

はじめに

安倍晋三自民党総裁・内閣総理大臣（総理、首相）とその政権のもとで国政（公金・公的事業）の私物化や違法行為が横行しました。明らかに病理現象です。なぜこのような病理現象が横行し、また、その横行によって日本の政治的・法的状況はどうなったのでしょうか。本章では、このような問題意識に基づき、憲法状況を含む日本の政治的・法的状況の分析を行います。

1 安倍政権の私物化事件と情報隠蔽

安倍自民党政権の私物化事件

①「腹心の友」のために悪用された国家戦略特区「加計学園」事件

学校法人「加計学園」理事長の加計孝太郎氏は、安倍晋三氏と1977年秋から南カリフォルニア大学留学時の同窓生の一人で40年来の付き合いがあり、安倍氏が「腹心の友」と公言している人物です。安倍首相（当時）の妻・昭恵氏が２０１５年12月にフェイスブックで紹介した「お友だちの悪巧み」パーティー写真に写った４人のうちの２人が安倍首相と加計理事長でした。

文部科学省は長年、獣医学部の新設を認めてきませんでしたが、安倍内閣総理大臣が議長を務める国家戦略特区諮問会議は、２０１６年の11月９日に52年ぶりの獣医学部の新設を認めました（「『加計学園』獣医学部新設問題　４つの論点」ＮＨＫ　ＮＥＷＳ　ＷＥＢ　２０１７年５月25日）。「加計学園」が経営する岡山理科大学は、官邸主導の「国家戦略特区」において「加計ありき」のレールが敷かれたお陰で「獣医学部」を新設できたのです。

同大学は、その計画時において愛媛県今治市が造成した約37億円相当のキャンパス用地を無償で譲り受け、施設整備費用１９２億円のうち96億円を今治市と愛媛県が助成していました。

同学園が獣医学部新設を目指したのは今世紀初めでした。「千葉科学大学」を開学し、その後で「獣医水産学部」追加設置を目指しましたが、皮肉にも、それを阻んだのは、安倍氏が官房副長官を務めた小泉純一郎内閣でした。同内閣は様々な規制緩和を進めましたが、獣医学部などの新設については２００３年告示で「岩盤規制」を設定したからです。

ところが、加計理事長念願の「獣医学部」新設を強引に叶えたのは、２０１２年末に再び首相になった安倍氏で、「総理のご意向」（２０１６年10月）だったのです。「加計学園」が国家戦略特区に獣医学部を新設する計画について、文部科学省は、特区を担当する内閣府から「官邸の最高レベルが言っている」、「総理のご意向だと聞いている」などと言われたとする記録を文書にしていました（「加計学園の新学部『総理のご意向』　文科省に記録文書」　朝日新聞　2017年5月17日）。

②財政法に違反して国有地を売払った財務省「森友学園」事件

1946年11月3日に公布された日本国憲法（47年5月3日施行）の立場を踏まえ、教育基本法が制定されました（47年3月31日施行）。そして、衆議院は「教育勅語等排除に関する決議」を、参議院は「教育勅語等の失効確認に関する決議」を、それぞれ行いました（48年6月）。

一方、第1次安倍政権は2006年12月、教育基本法「改正」（改悪）を強行しました。そこで、森友学園は、経営する塚本幼稚園で園児に「教育勅語」を素読させており、その園児の受け皿としての小学校を新設することに動き出したのです。

2017年2月、木村真豊中市議の情報公開訴訟の提起により、財務省が「森友学園」に対し国有地（鑑定価格9億5600万円）を8億1900万円も値引きして、超破格の1億3400万円で売払っていたことが発覚。同学園の開校予定の「瑞穂の國記念小学院」の名誉校長は、なんと官邸職員など職員3人（多い時で5人）が付いていた安倍昭恵氏、つまり、安倍総理の妻でした。

森友学園が財務省近畿財務局に提出していた当初の「小学校設置趣意書」の内容は、日本国憲法に適合する「こども権利条約・男女共同参画・雇用均等法」などを「日本人の品性をおとしめ世界超一流の教育をわざわざ低下せしめた」と批判し、さらに戦前の「富国強兵的考え」や「教育勅語」を高く評価する記述になっていて、森友学園の塚本幼稚園の園児の「受け皿が必要」だと書かれていたのです。これは「安倍首相の教育理念と合致する小学校」と評しうる内容でした。現に、財務局職員が大阪府庁を訪ねた際の記録（2014年3月4日）には、府職員の発言として「安倍晋三記念小学校として本当に進捗できるのか、取り扱いに苦慮している」と明記されていました（「『安倍晋三記念小学校』森友側が説明　財務省記録に記載」朝日新聞2018年5月24日）。

財務省の森友学園への国有地売払いにつき、会計検査院は、2017年11月22日、8億1900万円値引きしたことについて「適切とは認められない」、値引きの「根拠が不十分」と指摘して報告しました（会計検査院「学校法人森友学園に対する国有地の売却等に関する会計検査の結果についての報告書（要旨）」2017年11月22日）。この報告によると、ゴミ撤去費用の合計8億円余の金額を控除した積算内容は「恣意的」な積算であることが指摘されました。

したがって、この報告書を踏まえれば、森友学園への国有地の売払いは、国の財産につき「適正な対価」なしに譲渡も貸付けもしてはならないと定めた財政法（第9条第1項）に違反することになります。

③ 総理主催を悪用した「桜を見る会」事件

２０１９年10月15日の安倍晋三内閣閣議決定によると、１９５２年以降に内閣総理大臣主催としてほぼ毎年開催されてきた「桜を見る会」の目的は、「内閣総理大臣が各界において功績、功労のあった方々を招き、日頃の御苦労を慰労するとともに、親しく懇談する内閣の公的行事として開催しているもの」と説明され、招待者（客）の参加費や新宿御苑の入園料（５００円）は無料で、その経費はすべて公金から拠出されてきたのです。

２０１５年「『桜を見る会』開催要領」は、「招待範囲」を次のように明記していました。「皇族、元皇族、各国大使等、衆・参両院議長及び副議長、最高裁判所長官、国務大臣、副大臣及び大臣政務官、国会議員、認証官、事務次官等及び局長等の一部、都道府県の知事及び議会の議長等の一部、その他各界の代表者等」（２０１９年も同じ）。

２０１２年末に第2次安倍政権が誕生して以降、「桜を見る会」の公費支出額は増え続けました。２０１３~２０１９年度の予算額は各年度１７６６万６０００円である一方、支出額は２０１４年に３００５万円、２０１８年には５２２９万円へ増加されました。

２０１９年は予算の3倍の５５１８万７０００円。そして２０２０年は、膨れ上がった参加者数に合わせる形で予算額を膨張させ、5728万8000円（概算要求額）としました。しかし、国民の批判を受け、これ以上の追及を回避するために、安倍首相は「桜を見る会」の開催自体を中止したのです。

支出額が増えた理由は何でしょうか。「『桜を見る会』開催要領」の「招待範囲」に明記された招待者数は「約1万人」でしたが、招待者数は増え続け2019年には1万5400人（実際の参加者数は1万8200人）だったので、実際の支出は予算額の3倍に増えたのです。

菅義偉官房長官は2019年11月13日の記者会見で、内閣官房や内閣府から政府・与党幹部や各省庁に招待者を推薦するよう依頼していたことのほか、首相官邸については「首相、副総理、官房長官、官房副長官に対して推薦依頼を行った」と明らかにしたうえで、「長年の慣行だ」と説明しました。

しかし、2012年12月に誕生した第2次安倍政権では、「与党議員（閣僚、自民党幹部）の推薦枠」の実態は「地元の支持者も多数招かれている」ようですし、安倍首相の妻・昭恵氏の推薦枠もあり、その結果として、それらの「枠」が雪崩を打ったように膨張していったのです。

なかでも、「安倍晋三後援会」が推薦し招待された人数は850人余りもいました。安倍事務所が後援会員らに送付した「参加申し込み」には、家族や知人、友人が参加する場合「（用紙を）コピーしてご利用ください」と明記されていたので、推薦者・招待者の人数が膨れ上がったのです。

ところで、本来は、事前に「開催要領」により「桜を見る会」の招待者数（招待範囲）と国の予算額が決まっているのですから、与党議員から推薦があっても、内閣府がその推薦された全員を招待するとは限らないはずです。ところが、実際の招待者数も支出額もそれらを超えて招待されていたのです。ということは、第２次安倍政権では与党議員（とくに役員）の「推薦枠」は事実上の「招待枠」になっていたことになります。

安倍事務所の突出した招待とは別に、安倍首相は２０１８年の自民党総裁選や２０１９年の参議院通常選挙のために、通常招待されない地方議員らも招待していたことが判明しています。そもそも財政法は予算の目的外支出を禁止しています（第32条）。「招待範囲」外の者を招待し、その分の支出が増えた場合、その支出は財政法の禁止する目的外支出で違法になるでしょう。

安倍政権の私物化事件での情報隠蔽

①国家戦略特区「加計学園」事件

国家戦略特区「加計学園」事件では、前述したように、文部科学省は内閣府から「官邸の最高レベルが言っている」「総理のご意向だと聞いている」と言われたと明記した文書（２０１６年10月）を作成していました。

しかし、菅官房長官は、2017年5月17日午後の記者会見で、「全く、怪文書みたいな文書じゃないか。出どころも明確になっていない」と強弁し、当該文書の存在を当初否定していました（「菅氏『全く怪文書みたい』 加計学園巡る文書、強気否定」 朝日新聞 2017年5月18日）。また、文科省も松野博一文科大臣が同月19日記者会見を開き、「関係職員に聞き取りした結果、これらの文書の存在は確認できなかった」と反論（「加計学園の記録文書『確認できず』 文科相が調査結果公表」 産経新聞 2017年5月19日）。

ところが、前川喜平前文科事務次官が同月25日に記者会見を開き、獣医学部新設のための国家戦略特区指定に関する「総理のご意向」などと記された記録文書について、「在職中に共有していた文書で確実に存在している」などと説明し、松野文科大臣が省内を調査した結果、「文書の存在を確認できない」と説明していることについて、「あったものをなかったものにできない」と言及したのです（「前川喜平前文科次官が会見『文書、確実に存在している』」 産経新聞 2017年5月25日）。

また、NHKの取材に文科省の複数の現役職員が一連の文書が今も個人パソコンで保存されていると証言しましたし、文科省の調査直後に複数の職員が「文書は存在している」と審議官以上の幹部に報告していたことも明らかになっていました（西川龍一解説委員「『加計学園問題消えない疑問』（時論公論）」 NHK解説委員室 2017年6月12日）。

松野文科大臣は翌6月9日、調査のやり直しを表明し、文科省は同月15日、再調査の結果、同じ内容か極めて似た14の文書が見つかったと発表したのです（「加計学園めぐる14文書を確認　文科省、再調査で」　朝日新聞　２０１７年6月15日）。

②財務省「森友学園」事件

財務省「森友学園」事件では、当時の佐川宣寿理財局長は「応接録は廃棄された」と虚偽の答弁をしていました（２０１７年2月24日）し、同省および同省近畿財務局は売払いの決裁文書および売払い前の賃貸の決裁文書を改ざんしていました（朝日新聞が２０１８年3月2日付および翌３日付各朝刊でスクープ報道）。

③安倍晋三総理主催「桜を見る会」事件

安倍晋三総理主催「桜を見る会」事件では、内閣府が作成した招待者名簿が廃棄されましたし、各省庁が作成した「推薦者名簿」のうち、少なくとも内閣官房の一部の推薦者名簿も廃棄されていました（詳細は後述）。

[2] 情報隠蔽・立憲主義の蹂躙・国会軽視

情報の隠蔽と政権の重要政策の強行

① 裁量労働制に関するデータ捏造

〝情報の隠蔽〟という点では、必ずしも私物化事件だけの問題ではありません。政権の重要政策でも起きており、その代表的なものは、自民党のスポンサーである経済界が要求した裁量労働制（「みなし労働時間」で定額賃金を支払う制度）に関する労働時間データの捏造です。

安倍内閣は、2018年通常国会に労働裁量制法案を含む働き方改革関連法案を提出しました。安倍首相は同年1月29日の衆議院予算委員会で、「厚生労働省の調査によれば、裁量労働制で働く方の労働時間の長さは、平均的な方で比べればですね、一般労働者よりも短いというデータもある」と答弁。このデータとは、裁量労働制では「平均的な者」の1日当たりの労働時間が「9時間16分」で、「一般労働者」のそれが「9時間37分」というもの。政府側はこれを基に、裁量労働制では一般的な労働者より1日当たりの労働時間が約20分短いと主張したわけです。この数字は厚労省が２０１３年10月に公表した「労働時間等総合実態調査結果」に基づくデータだと説明しました。

しかし、この「労働時間等総合実態調査結果」では、実際には一般労働者の１日当たりの労働時間のデータは算出されていなかったのです（〝裁量労働制データ〟はミスじゃなく捏造だ！安倍政権は安保でもアベノミクスでもデータ捏造しまくり」リテラ　２０１８年２月16日）。

データ捏造が判明したため、安倍首相は翌２月14日午前の衆議院予算委員会で、裁量労働制をめぐる自身の国会答弁につき、「精査が必要なデータを基にした答弁は撤回しおわびしたい」と述べ陳謝しました（「首相、裁量労働制巡り自らの答弁撤回」日経新聞　２０１８年２月14日）。そして政府は２月28日、法案から裁量労働制を削除しました。

②自衛隊の南スーダンのＰＫＯ日報の不開示処分

いわゆる戦争法（後述）は２０１５年９月に成立し、それにより、自衛隊の新任務の一つとして「駆け付け警護」が認められることになりました。政府はこれまで南スーダンに自衛隊を国連平和維持活動（ＰＫＯ）のために派遣していたので、最初に「駆け付け警護」の新任務が付与されるのは、南スーダンのＰＫＯ活動になると予想されていました。

まず、翌２０１６年10月25日、安倍内閣は、国家安全保障会議９大臣会合を経て、南スーダンＰＫＯの実施計画の変更、すなわち、国連南スーダン共和国ミッション、ＵＮＭＩＳＳへの自衛隊施設部隊などの派遣期間を、５か月間（２０１７年3月31日まで）延長すると閣議決定しました（「南スーダン国際平和協力業務実施計画の変更（派遣期間の延長等）」）。

稲田朋美防衛大臣（当時）は、「私自身、今月の８日に現地に入ってきました。そこで、南スーダンの政府関係者にもお会いをいたしましたし、国連のロイ特別代表にもお会いをしたところであります。そして、ロイ代表からは、ジュバ市内の状況についても、７月のような武力の衝突が今後起きる可能性は低いというようなお話もございました。私自身も、そのジュバ市内で比較的安定をしている状況、それは市民の皆様方、子どもや女性も含めて、普通の生活をされている状況を見たところです」と説明しました（「防衛大臣記者会見概要」２０１６年10月25日）。

次に、同年11月15日午前、安倍内閣は、南スーダンの国連平和維持活動（ＰＫＯ）に派遣する陸上自衛隊の部隊に、安全保障関連法に基づく新任務「駆け付け警護」を付与することなどを盛り込んだ実施計画を閣議決定しました（「南スーダン国際平和協力業務実施計画の変更（新任務の付与等）」）。同30日には第11次隊が青森から出国しました。

一方、ジャーナリストの布施祐仁氏は２０１６年9月30日に、「南スーダン派遣施設隊が現地時間で２０１６年7月7日から12日までに作成した日報」に係る行政文書を情報公開請求しました。これに対し、防衛大臣は、同年10月30日付通知により、「開示決定にかかわる事務処理や調整に時間を要する」という理由で、「開示決定期限延長」を行いました。そして、同年

12月2日付で、「すでに破棄しており、保有していなかった」として、「文書不存在につき不開示」とする処分（防官文第20261号）をしました（「南スーダン撤退 あの日報を引きずり出した情報公開請求の『威力』」 現代ビジネス 2017年3月11日）。

しかし、河野太郎衆議院議員が再調査を求め、範囲を広げて再度調べたところ、防衛省統合幕僚監部で電子メールが見つかったとして、2017年2月7日、防衛省は、当該「日報」を公表しました（増田剛・NHK解説委員「南スーダンPKO 自衛隊『日報』問題」時論公論 2017年2月21日）。つまり、実際には存在し保有されていたにもかかわらず、国（防衛大臣）は文書不存在を理由に非開示処分をしたのです。

開示された「日報」には「戦闘」の文字が多数ありました。

要するに防衛大臣は、「戦闘」という文言が何度も出てくる「日報」を開示すると、「戦闘地域に自衛隊を派遣することは、PKO法にも憲法にも反している」との意見がマスコミでも報道されてしまい、新任務「駆け付け警護」を付与して自衛隊を南スーダンに派遣したい安倍政権にとって不都合なので、「廃棄して存在しない」と虚偽の理由で不開示処分をしたのです。

立憲主義と民意の蹂躙

この情報隠蔽の第2の代表例に関して、その前に安倍内閣が強行した2014年7月1日の閣議決定を取り上げましましょう。

この閣議決定では、日本が外国から武力攻撃を受けていなくても「我が国と密接な関係にある他国に対する武力攻撃が発生」したら、他国の戦争に参戦することを認めています。これは、つまり、他国を衛る権利（他衛権）である「集団的自衛権」の行使について認めたものです。さらなる「解釈改憲」の強行でした。そして、翌2015年9月19日、安全保障関連法案が成立。いわゆる戦争法の成立であり、「立法改憲」です。

安倍政権は、「専守防衛」の方針を放棄し日本を「戦争できる国」にするための明文改憲を行いたいのですが、国民の反対も強く、それが実現できないので、さらなる「解釈改憲」と「立法改憲」でその目的の一部を実現したのです。明らかな立憲主義の蹂躙です。目的も酷いのですが、目的のためには手段を選ばないのが安倍政権の政治手法ということになります。

また、この立憲主義の蹂躙が民意の蹂躙でもあったことも極めて重要です。閣議決定前の2014年3月・4月の世論調査結果を振り返ると、集団的自衛権行使を「合憲」とする解釈変更（「解釈改憲」）について「賛成」は30％程度で、反対は多いもので60％を超えていました。安保関連法案（戦争法案）についての世論調査結果（2015年6月）も基本的に同じで、「賛成」は30％程度しかなく、「反対」は60％前後もありました。2015年7月15日の衆議院特別委員会で、安倍首相は安保関連法案について、「国民の理解が得られていないのは事実だ」と認めました。しかし、自公与党は、その直後、同法案の採決を強行したのです。同法案が成立後の世論調査でも基本的には同じで、採決強行に「反対」は60％前後あり、なかには70％を超える結果もありました。明らかな民意の蹂躙でした。

答弁拒否・虚偽答弁と議会制民主主義の否定

①安倍政権の答弁拒否と虚偽答弁

安倍政権の下では議会制民主主義の軽視、実質的な否定が生じていることに注目する必要があります。安倍首相を中心に閣僚や政府が健全な野党の追及質問に対し真っ当に答えられないため、論点をはぐらかし、あるいはまた無関係な答弁を繰り返しています。

フリージャーナリストの日下部智海氏は、国会会議録検索システムで期日を第２次安倍内閣が誕生した２０１２年12月26日から執筆現在の２０２０年６月17日に指定し、検索キーワードを「控え」に設定し検索し、安倍政権下での答弁拒否の総数を調べ、その結果を公表しています（日下部智海「『答弁拒否』で民主主義を破壊する安倍政権。７年半で計６５３２回」ハーバー・ビジネス・オンライン　２０２０年6月28日）。

それによると、首相・大臣・副大臣・大臣政務官、政府参考人（官僚）が「答弁を控える」、「お答えは差し控えさせていただく」、「回答は控えさせていただきたい」、「差し控えたい」、「控えます」などの言い回しで答弁拒否をしていたのは、６５３２件だったそうです。

また、虚偽答弁も繰り返し行われました。国会議員関係政治団体「安倍晋三後援会」主催「桜を見る会前夜祭」事件に関し、安倍総理（当時）は２０１９年11月〜２０２０年３月までの期間に事実と異なる国会答弁を１１８回していました（「事務所は関与していない」趣旨答弁70回、「明細書は無い」趣旨答弁20回、「差額は補填していない」趣旨答弁28回。２０２０年12月21日　衆議院調査局）。

財務省「森友学園」国有地売却公文書改ざん事件で、安倍政権は２０１７年２月15日から２０１８年７月22日までの期間に行った国会答弁のうち、事実と異なる答弁を計１３９回も行っていました（２０２０年11月24日　衆議院調査局）。まさに隠蔽・改ざん体質の現れです。

以上のような安倍政権の答弁拒否や虚偽答弁は、とりわけ安倍総理が説明責任を果たせるほどの能力を有さず無能であることに加え、安倍政権が酷い目的のために手段を択ばない政権であり、違法行為を平然と強行し、保身のために隠蔽し、主権者国民の代表機関である国会を軽視または実質的に否定している政治的体質にも起因しています。

②無責任体質と議院内閣制の機能不全

また、安倍政権は無責任な政治体質でした。政府の違法行為につき担当大臣（例えば、森友学園事件では麻生太郎財務大臣）が真っ当な責任を取って辞任していませんし、安倍内閣も連帯して責任を取りませんでした。

そもそも日本国憲法は、「内閣は、行政権の行使について、国会に対し連帯して責任を負ふ」と定めています（第66条第3項）。したがって、例えば、仮に財政法違反の国有地売払いも交渉記録の廃棄や公文書の改ざんも、すべて職員が独断で行ったとしても、職員の行為は「行政権の行使」である以上、内閣は連帯して責任を負うべきなのです。しかし、安倍内閣はきちんとした責任を負っていません。安倍首相も安倍内閣も無責任体質なので、日本国憲法が要請している議院内閣制についても機能不全に至らしめているのです。

3 私物化や立憲主義蹂躙を可能にした官邸主導政治

官邸主導政治と違憲の諸制度

① 官邸主導政治

安倍総裁・総理が私物化事件を引き起こし、立憲主義を蹂躙し安倍政権の重要政策の強行を可能にした要因としては、安倍総理らに遵法精神がないという主観的要因があるでしょうが、私はさらに客観的な政治的要因に注目しています。

国民主権主義を根拠に、日本の政府は官僚政治から政治主導政治へと移行してきました（山口二郎『政権交代』岩波書店　２００９年）が、その結果、国民主権主義に反する「官邸主導政治」（総理とその側近による政治・行政）ができあがってしまいました（森功「『新・現代官僚論』キャッシュレス決済 ポイント還元の考案者」文藝春秋 digital　２０１９年11月12日）。

そのようななかで私物化事件が起きたのです。

② 1994年の「政治改革」と違憲の制度

官邸主導政治を生み出す前提は、衆参の国政選挙で圧勝することでした。それを可能にしたのは１９９４年の「政治改革」でした。当時、「政治改革」を通じて官邸主導政治（首相のリーダーシップ論）が説かれていました（小沢一郎『日本改造計画』講談社　１９９３年）。

１９９４年の「政治改革」により衆議院議員を選出する選挙制度については、準比例代表制と評された中選挙区制が廃止され、民意を歪曲し過剰代表を生み出す衆議院小選挙区選挙中心の選挙制度（小選挙区比例代表並立制）となりました。また、政治腐敗の温床である企業献金は温存されたまま、３００億円超（近年３１０数億円）の公金を使う政党助成金（政党交付金）が新設されました。

日本国憲法は民意の正確・公平な国会反映を要請していますが、衆議院の小選挙区選挙や参議院の選挙区選挙は、議員定数があまりにも少なすぎるため、その要請に十分こたえていないどころか、民意を歪曲し、過半数の得票を獲得せず半数未満の得票で3分の2以上の議席を獲得させるなど、「過剰代表による上げ底政権」を誕生させるので、憲法違反です（詳細は拙著『ここまできた小選挙区制の弊害』あけび書房　2018年を参照）。

企業献金は、株主の政治的思想を侵害するので違憲・違法です（詳細は拙著『財界主権国家・ニッポン』日本機関紙出版センター　2014年、同『告発！　政治とカネ』かもがわ出版　2015年を参照）。政党助成金は衆参の国政選挙の結果を流用しているので、有権者の政治的自己決定権を侵害しているなどの理由で憲法違反です（詳細は拙著『誰も言わない政党助成金の闇』日本機関紙出版センター　2014年、同『政党助成金、まだ続けますか？』日本機関紙出版センター　2021年を参照）。

自民党本部と官邸の使途不明金

①バブルな政治資金とその使途不明金

自民党は、企業献金を受け取り続けているほか、衆参の国政選挙における過剰代表により議席数が多いため政党助成金も過剰交付の恩恵を受け、自民党の政治資金はバブル状態で、あり余っているのです。日本全体の政治資金はバブル経済時代と比較すると減少していますが、日本の最大政党であり、財界・改憲政党である自民党本部の政治資金は、バブル経済時代と比較しても減少してはおらず、むしろ若干増えており、今でもバブル状態なのです。その原因は、自民党の自己努力の結果ではありません。国民の税金が原資の政党助成金を日本で一番受け取っているからです。

そのお陰でバブル状態になっている自民党本部の政治資金には、党幹事長など約20人の国会議員に対し「政策活動費」名目で支出がなされ、それが最終的に誰に出されたのか不明の使途不明金になっています。

第2次安倍政権が誕生した2012年は、計9億6000万円超が「政策活動費」名目で19人に対し支出され、そのうち、石原伸晃氏（9月まで幹事長）には計2億円超、石破茂氏（9月から幹事長）には2億6000万円、安倍晋三氏（10月から総裁）には2億5000万円が支出され、その使途が不明でした。自民党が政権復帰後にはこの金額は増えて行き、例えば、衆議院総選挙のあった2017年は計20人に対し計19億2000万円弱が支出され、そのうち二階俊博幹事長には計13億8000万円超が支出されていました。

②内閣官房機密費における「政策推進費」の使途不明金

また、使途不明金には官邸の公金もあります。それは「内閣官房報償費」であり、しばしば「官房機密費」と呼ばれてきました。会計検査院に対しても領収書や支払先を明らかにする必要がないからです。その中でも、「政策推進費」と呼ばれるお金は、官房長官自身が管理し、官房長官に渡った時点で支出が〝完了〟したものと扱われます。そのため、「政策推進費」の使い道は官房長官や首相官邸の裁量で決まり、領収書も不要で、官房機密費の中で最も〝ヤミ金〟の性格が強い公金です。

内閣官房報償費（機密費）は年間約12億円であり、その約9割は官房長官が管理する領収書不要の「政策推進費」です。この事実は、私が原告の情報公開訴訟で最高裁第2小法廷（山本庸幸裁判長）が２０１８年１月19日の判決で、報償費の使途の一部の開示を国に命じた（平成28年（行ヒ）第２２８号、平成28年（行ヒ）第２１８号、平成29年（行ヒ）第46号）ので、開示された使途文書を分析して判明しました。

官房機密費には、常に悪い噂がつきまといます。例えば、１９９８年7月から1年余り小渕恵三内閣で官房長官を務めた野中広務氏は、「総理の部屋に月１０００万円。それから、とにかく衆議院国会対策委員長、参議院幹事長室に（月）５００（万円）ずつ持っていかなきゃならなかった」（TBS「NEWS23X《クロス》」、2010年4月19日と同月20日）と明らかにしています。

今でも続いているのではないでしょうか。「安倍晋三後援会」が主催し首相も参加した「桜を見る会前夜祭」では、後援会は参加者の会食費の半分程を負担し、毎年何百万円もの赤字を出したとの疑いが生じています。その赤字補填に官房機密費が使われたのではないかといった疑念もわきます。

また、大規模な選挙買収が発覚し公職選挙法違反で逮捕された河井克行・案里両議員の自民党支部への党本部からの交付金は、計1億5000万円であり、そのうちの1億円超は当初は使途不明金になる予定の政治資金だった可能性が高いと思われますが、案里陣営の事実上の選挙運動は1億5000万円を超えるのではないかと噂されています。そうであれば、1億5000万円以外に官房機密費が投入されている可能性もありそうです。それが真実なら安倍総理・官邸主導選挙になります。

こうした疑惑を常に呼ぶのは、会計検査院の実質的検査を受けないので、内閣官房報償費の使い方に歯止めがなく使途が将来も公表されないからです。

2018年に最高裁が内閣官房報償費の使途文書の一部開示を命じました。直後、私たち原告・弁護団は菅官房長官に抜本的な見直しを要求しました。具体的には、①政治家・公務員・マスコミ・評論家に支出しないこと、②「秘匿性の程度」に応じて使途を非公開にする期間を決め、その期間が経過すれば公開することなどを要求したのです（内閣官房報償費についての詳細は、拙著『内閣官房長官の裏金』日本機関紙出版センター　2018年を参照)。

これらの要求は、法律改正の必要はなく官房長官の判断で実現可能な最低限のルールでしたが、安倍首相も菅官房長官も無視したままでした。普通は、最高裁で敗訴して原告らが要求すれば、国は使途や公開の在り方について一定の見直しを行うものですが、完全無視です。「桜を見る会」でも公金を私物化してきました。使途の公表されない官房機密費であれば、もっと私物化していることでしょう。原告らの見直し要求を無視するのは、公金の私物化が安倍政権の体質になっていたからだと思えてなりません。

自民党総裁らの政治資金配分権と公認権の掌握

以上の従来からの内閣官房機密費を掌握し、政治資金の配分権や衆参国政選挙の公認権を自民党総裁が握ることで、「政治改革」以降の自民党の総裁は中選挙区制時代と比較し大きく変質し、強大な権限を行使できるようになったのです。

これを党内外に示したのが2005年の郵政民営化法案を争点にした小泉内閣の衆議院解散総選挙でした。法案に反対した自民党の議員を公認せず、さらに刺客を送り込んで圧勝しました。これによって総裁に逆らえない、そういう自民党に変わりました。派閥のチェック機能が効かない、自浄作用がなくなるように変わっていったわけです。

総裁のイデオロギーにも左右され、自民党自身がアメリカの政治に従属を深め、かつ財界政党としての性格を深化させ、経済界の要求に応えて新自由主義の構造改革を強行しました。そして、第1次安倍政権では、教育基本法改悪など「戦後レジームからの脱却」を実現する方向で政権は進むことができました。

総理・官邸主導の政治、行政官僚支配

官邸主導政治という点で言えば、官僚人事問題にも注目する必要があります。安倍首相は高級官僚の人事に介入することを通じて「戦後レジームからの脱却」を強行し、情報の隠蔽が行われてきたからです。

①「解釈改憲」のための内閣法制局長官の差し替え

例えば、安倍内閣は、前述したように2014年の閣議で集団的自衛権（他衛権）の行使につき、違憲論から「合憲」論へと「解釈改憲」を強行し、その翌2015年には戦争法を衆参の議席数の力で強行採決し、可決・制定させましたが、その前に（2013年）内閣法制局長官に集団的自衛権行使の積極容認派の小松一郎元駐仏大使を抜擢していました。これは、「法の支配」

ではなく、まさに「人の支配」の結果による立憲主義の蹂躙でした。

②内閣人事局の設立

安倍政権は2014年の通常国会で、国家公務員法等の一部を改正する法律を成立させ、同年5月に国家公務員の人事制度を所管する機関「内閣人事局」を設立しました。幹部職員となるためには内閣総理大臣による適格性審査を経なければならず、その審査の結果、幹部職員として必要な「標準職務遂行能力」を有していると判断されれば、幹部候補者名簿に掲載され、この名簿から各府省の幹部が任命されることにしました（国家公務員法第34条第1項第5号・第6号、第61条の2など）。

こうした内閣総理大臣の権限は、内閣官房長官に委任することができます。各府省の人事権者は各大臣ですが、幹部職員の人事については内閣総理大臣および内閣官房長官と協議したうえで行うこととされており、幹部人事は大臣の一存で決められない仕組みになりました。

つまり、国家公務員の幹部人事を、官邸の下、内閣人事局に一元化したことで、人事への官邸の影響力が強くなったのです。そもそも国家公務員は上司の意向を気にするので、内閣人事局の新設は、高級官僚を大なり小なり管理するうえで大きな役割を果たしてきました。

この仕組みが歴史修正（改ざん）主義の安倍政権の下で、政府の違法行為と証拠の文書の隠蔽を事実上強制してきました。財務省「森友学園」事件で、官僚に交渉記録の改ざんと公文書の廃棄答弁を強いることに「成功」しました。

③「官邸の守護神」黒川検事長の違法な定年延長

また、財務省「森友学園」事件で私と弁護士らが背任罪、私が公文書変造罪と公用文書等毀棄罪でそれぞれ刑事告発した件で、安倍政権は大阪地方検察庁に立件を断念させることにも「成功」しました。日本共産党の辰巳孝太郎参院議員が２０１８年6月18日、参議院予算委員会で暴露した文書には、「5／23の夜、調査報告書をいつ出すかは、刑事処分がいつになるかに依存している。官邸も早くということで、法務省に何度も巻きを入れているが、刑事処分が5／25夜という話はなくなりそうで、翌週と思われる」と明記されていました。

現に、私たちが背任罪・公文書変造罪・公用文書毀棄罪で刑事告発していた財務省「森友学園」事件で、大阪地検特捜部が当時の財務官僚らを不起訴処分にしたのは、同年5月31日でした。この時点で、黒川弘務氏はまだ法務事務次官でした。

これらの「成功」体験があり、安倍政権は、自己保身も兼ねて官邸の守護神である黒川弘務東京高等検察庁検事長の違法な定年延長（検察庁法違反）を、２０２０年1月31日の閣議決定で強行しました。そして、それを法的に追認するためにも、また、全国の検察官を完全掌握するためにも、検察庁法「改正」案を成立させようと画策したのです。もっとも、国民の反対にあい、安倍政権は成立を断念しました。

④ 立憲主義蹂躙と総理・総裁らの違法行為の背景

明文改憲の先取り

① 自民党の明文改憲案づくり

安倍政権が立憲主義や民意を蹂躙してまで強行してきたものは、明文改憲が国民の抵抗にあい実現しないなかで、「戦争できる国」づくりのための明文改憲の先取りとしての性格を有してもいました。この点は、自民党の明文改憲の中身を見ることで確認できます。

自民党の2012年「日本国憲法改正草案」は、日本国憲法の全面改正を目指していました（拙著『日本国憲法の真価と改憲論の正体』日本機関紙出版センター　2017年を参照）が、2017年衆議院総選挙における同党の公約では、改憲を「自衛隊の明記、教育の無償化・充実強化、緊急事態対応、参議院の合区解消の4項目」に絞りました。そして、同党憲法改正推進本部は

２０１８年３月27日、それらを条文化する作業を完了しました（拙著『安倍「４項目」改憲の建前と本音』日本機関紙出版センター　２０１８年を参照）。

②「戦争できる国」づくりのための改憲

安倍自民党は、前掲の違憲の戦争法を追認して「合憲」にし、「戦争できる国」づくりを憲法上達成するための明文改憲を目論みました。

それは、前述の「４項目」改憲のうちの「自衛隊の明記」です。自民党憲法改正推進本部「憲法改正に関する議論の状況について」（２０１８年３月26日）の「自民党憲法改正推進本部条文イメージ（たたき台素案）」の「第９条の２」は、「わが国の平和と独立を守り、国及び国民の安全を保つために必要な自衛の措置をとることを妨げず」などと明記していましたが、「『自衛隊』を明記するとともに、『自衛の措置（自衛権）』についても言及すべきとの観点から、……『条文イメージ（たたき台素案）』を基本とすべきとの意見が大勢を占めた」と述べられていました。

この説明によると、条文にある「自衛の措置」は「自衛権」を含意していることになります。そうなると、「第９条の２」加憲成立後、自民党は、その加憲により「自衛権」が明記されたことになると強弁することでしょう。

そこで、注目すべきなのは、憲法第９条第２項の戦力の不保持を削除し、同条項に「自衛権の発動」を明記した自民党「日本国憲法改正草案」の解説です。自民党「日本国憲法改正草案Q＆A」（２０１２年）の解説によると、自衛権には「集団的自衛権」も含まれてしまいます。戦力の不保持を削除しておらず「自衛権」についても明示していない「憲法第９条の２」においても、「自衛権」が明記されたに等しいと強弁されてしまうと同時に、「日本国憲法改正草案Q＆A」の解説が「憲法第９条の２」にも妥当するとして、「集団的自衛権」の行使も憲法上無制約に許容されていると説明されかねません。

この明文改憲の先取りである戦争法の一部である自衛隊のPKO「駆け付け警護」などの新任務の実現を既成事実化するために、南スーダン「日報」隠蔽事件があったと理解すべきです。

②「教育への政府介入」のための改憲

前述の「4項目」改憲のうち「教育の無償化・充実強化」は、「高校（中等教育）以上または大学などの高等教育の無償」を意味していると受けとめられているようですが、日本国憲法の下で「高等教育の無償」を実施することは、憲法違反になるわけではありませんし、そもそも自民党改憲推進本部は、改憲（加憲）を通じて「高等教育の無償を実現する」気は一切ありません。

自民党の改憲の本音は、「教育への国家（自民党政権）の介入」を「合憲」にすることです。

というのは、「自民党憲法改正推進本部案」（２０１8年2月28日）および「自民党憲法改正推進本部条文イメージ（たたき台素案）」（2018年3月26日）では、新設される第26条第3項において、「教育環境の整備に努めなければならない」という文言の前に、「国は、教育が……国の未来を切り拓く上で極めて重要な役割を担うものであることに鑑み」という表現を盛り込んでいるからです。

この点は、2012年の「日本国憲法改正草案」でも同じでした。それゆえ、自民党憲法改正推進本部案は、教育を「国の未来を切り拓く」ものと位置づけ、「教育環境の整備」を口実に国が学校の教育内容に介入し口出しできる憲法上の根拠にしようとしているのです。憲法第23条の学問の自由、教育の自由、教育を受ける権利を実質的に否定する改悪です。

憲法違反の教育勅語を素読させる園児の受け皿としての小学校の新設を目指した「森友学園」を安倍昭恵氏が支援した事件は言うまでもなく、加計学園事件、後述する日本学術会議新会員の任命拒否事件は、教育への政府介入を目指す自民党政権が明文改憲を先取りする行為であり、明文改憲を容易にするための地ならしでもあります。

5 菅政権でも続く安倍路線と真相解明の必要性

安倍自民党・政権の下で横行した国政（公金・公的事業）の私物化および違法行為は、明らかに民主主義には相応しくない政治的・法的病理現象なのですが、それは、日本国憲法の要請する議会制民主主義の下で起きたのではなく、衆議院の小選挙区選挙など、議会制民主主義に反する諸制度の下で起きたものであり、安倍政権の政治的体質に起因するものでした。したがって、議会制民主主義が実現していない下では、今の自民党が政権に居続ける限り、政権の暴走の危険性はなくなりません。

安倍政権の政治的体質は菅政権に継承

① 安倍政権の路線の継承

安倍首相は2020年8月28日夕、辞任を表明しました。そして、翌9月14日の自民党総裁選で新総裁になった菅義偉氏は同月16日の国会で新首相に指名・任命されました。その菅首相は、第1次安倍政権では総務大臣として、第2次安倍政権以降は官房長官として、「戦後レジームからの脱却」を目指してきた安倍首相を支えた重要人物です。安倍政権は安倍・菅体制だったと言っても過言ではありません。

安倍首相辞任表明3日後の8月31日、自民党総裁選に立候補する意向を固めた菅官房長官は、最大派閥・細田派を率いる細田博之元幹事長、参院自民党や竹下派（54人）に強い影響力を持つ青木幹雄元参院会長と会談し、青木氏に「安倍政権の路線を継承する」と述べ、党総裁選への立候補を表明した9月2日の記者会見でも、「安倍総裁が全身全霊をかけてすすめてこられた取り組みをしっかり継承し、さらに前に進めるために私の持てる力をすべて尽くす覚悟だ」と述べました。

②学術会議会員人選への介入

菅首相は日本学術会議が昨年（2020年）推薦した新会員候補105名のうち6名を任命拒否しました。現行の日本学術会議法は、同会議の「会員」につき「内閣総理大臣が任命する」と定めていますが、これは任命拒否できる権限ではありません。総理が任命拒否するのは違憲・違法です。

戦前、天皇主権で人権保障のない大日本帝国憲法の下で、京都大学の滝川幸辰教授の刑事法理論や東京大学名誉教授（憲法）の美濃部達吉貴族院議員の学説（天皇機関説）がいわゆる「国体」に反するなどとして科学者への露骨な弾圧が行われるとともに、全国の大学の科学者や科学者団体が731部隊の人体実験・兵器製造などに動員され侵略戦争に加担させられました。

敗戦後このことを反省し、日本国憲法は「学問の自由」などの基本的人権を保障し、1949年には日本学術会議法が制定され、学術会議が新設されました。同会議は、いかなる国家機関からも独立して職務を果たし、政府が戦前のように暴走することなく、その職務の成果を尊重するようにするために、その職務に要する費用を国費で賄われるようにしました。それゆえ、当初その会員は科学者による選挙で選考されていました。

ところが1983年に、政府は会員の人選につき総理の任命制に変更すると言い出したのです。それでは、学術会議の独立性が侵害され、学問の自由を脅かすという批判に対して、当時の中曽根康弘総理は、「実態は各学会なり学術集団が推薦権を握っているようなもので、政府の行為は形式的行為であるとお考えくだされば、学問の自由独立というものはあくまで保障されるものと考えております」と弁明しました。

学術会議は、1950年に「戦争を目的とする科学の研究は絶対にこれを行わない」旨の声明、1967年には「軍事目的のための科学研究を行わない声明」、2017年には「2つの声明を継承する」との「軍事的安全保障に関する声明」を、それぞれ発表しました。「戦争できる国」づくりをしてきた安倍政権の政治路線を継承している菅総理にとって、学術会議は「戦争できる国」づくりを邪魔する存在なのです（「『軍事研究否定なら、行政機関から外れるべきだ』自民・下村博文氏、学術会議巡り」毎日新聞　2020年11月10日）。

今後も徹底した真相解明と責任追及の必要性

①財務省「森友学園」事件

安倍首相夫妻が森友学園の小学校設置に関与していたことを記録した公文書のうち、「廃棄した」と答弁できない決裁文書については、関与記載の量も少ないので改ざんし、関与記載の量が多く財政法違反がバレる記載の多いものについては「廃棄した」と財務省は虚偽答弁をしたのでしょう。

会計検査院の検査が完了していないなかで、実際には廃棄していない公文書を勝手に「廃棄した」と答弁し、会計検査院の求めた資料提出を怠れば、行政処分される可能性があります（会計検査院法第26条・第31条第2項）から、「破棄」虚偽答弁や改ざんは、安倍総理補佐官など総理官邸側の直接または間接の指示があった可能性も否定できません。

ところで、2017年3月9日、財務省の近畿財務局の職員が自殺したと報じられました。するとと、国税庁長官に栄転していた佐川氏は辞任を表明し、財務省は3月12日に14の決裁文書で改ざんが行われていたと認めました。そして、財務省は翌2018年5月23日、「森友学園」などとの交渉記録（応接記録）217件を世間に公表しました。

財務省は2018年6月4日、以上の廃棄・改ざんについて内部調査の結果をまとめ公表しました（財務省「森友学園案件に係る決裁文書の改ざん等に関する調査報告書」2018年6月4日）。

これを読むと、安倍首相の2017年2月17日の「私や妻が関与していたら内閣総理大臣を辞める」旨の国会答弁後、財務省が改ざんなどに走ったことが明らかですが、当時の佐川理財局長の関与が具体的に解明されていませんでした。

前述の「自殺した財務省近畿財務局の職員」とは、近畿財務局管財部上席国有財産管理官の赤木俊夫さんでした。その赤木さんは死の直前、決裁文書の改ざんの経緯を詳細に記した「手記」と関連する手書きのメモを残していたのです。大阪日日新聞記者で、森友学園問題を当初から取材し続けている相澤冬樹氏（元NHK記者）が遺族から「手記」全文、および関連する手書きのメモの提供を受けていました。その「手記」（A4で7枚の文書）が『週刊文春』2020年3月26日号（同月18日発売）掲載で公表されました。

「手記」は、自殺当日まで書かれていたと見られ、「すべて、佐川理財局長の指示です」、「美並近畿財務局長に報告したと承知しています」など、当時の財務省および近畿財務局の幹部らの言動について、実名で詳細に綴られていました。

この「手記」によると、財務省は、実際には森友学園との応接記録が存在し保有しているにもかかわらず、当該応接記録を公表・公開するのは安倍総理や理財局長らにとって都合が悪い（時期だった）ので、あえて応接記録を、国会や国会議員、会計検査院、情報公開請求者にも開示しませんでした。

また、赤木さんの遺族（妻の雅子さん）は、2020年3月18日、「佐川宣寿元国税庁長官の指示で決裁文書改ざんを強制され自殺に追い込まれた」として、国と佐川氏を相手取り、計約

1億1000万円の損害賠償を求めて大阪地裁に提訴しました（赤木雅子さんの陳述書全文は本書81～88頁に掲載）。記者会見した妻の訴訟代理人によると、「なぜ夫が死ななければならなかったのか、裁判で追及して真相を明らかにしたい。賠償金は何らかの形で世の中のために役立てたい」と話しているそうです。

さらに、妻の訴訟代理人は、赤木俊夫さんが亡くなった時、弔問に訪れた近畿財務局の上司・池田靖統括国有財産管理官（当時）が赤木さんの妻に対し、「赤木さんは改ざんを巡る詳細なファイルを作っていた」と明かしたと説明しました（赤澤竜也「近畿財務局・赤木俊夫上席国有財産管理官の遺した『手記』の衝撃」ヤフーニュース　2020年3月19日）。

前述したように財務省の「応接記録217件」の文書は公表されました。ところが、公用文書毀棄被疑事件についての大阪第一検察審査会の「不起訴不当」議決書の要旨（大阪第一検審第41号、2019年3月29日）には、「応接記録24通が廃棄されたことは明らかである」と明記されていました。

しかし、赤木俊夫さんの前記「手記」には、「行政上の記録を応接記録として作成された文書」は「文書管理規則上1年未満」とされていても、「実際には、執務参考資料として保管されているのが一般的です」と書かれていましたので、近畿財務局が2014年4月28日に森友学園側と応接した時の内容（籠池泰典理事長が夫妻と昭恵氏を一緒に写した写真を提示）を記録した文書など、今でも「廃棄された」ことになっている前記「応接記録24通」は、財務省内のどこかに保管されているのではないでしょうか。

また、財務省の前記「森友学園案件に係る決裁文書の改ざん等に関する調査報告書」（２０１８年６月４日）によると、その調査は改ざん・廃棄だけを対象としており、その原因になった国有地の財政法違反の売買契約やその前の賃貸契約については調査の対象になっていません。

森友学園との間で売買契約（２０１６年６月20日）が締結されたのは佐川氏が財務省理財局長の時ですが、佐川氏が理財局長になったのは、その契約の直前の16年６月17日でした（17年７月５日まで理財局長）。したがって、売買契約の内容が実質的に決まった時の理財局長は前任の迫田英典氏（15年７月７日～16年６月17日）でしたし、その前の賃貸借契約（15年５月29日）がなされた時の理財局長は、さらにその前任の中原広氏（14年７月５日～15年７月７日）でした。

２０１３年６月28日、籠池理事長らが近畿財務局を訪問し、統括国有財産管理官の池田靖統括、三好泰介上席らから説明を受けた際、「取得等要望時　説明用メモ」の中の「取得等方法」の項目には、「学校の場合は、『購入（時価）』のみ」と明記されていました。それなのに、財務省が賃貸借という特例を森友学園に認めた理由は何だったのか、未だに解明されていません。

したがって、衆参各院は歴代理財局長の佐川氏、迫田氏、中原氏を含め関係者全員を証人喚問し、改ざんや、その発端となった財政法違反の真相解明をしなければならないはずです。

②安倍晋三総理主催「桜を見る会」事件

安倍総理主催の「桜を見る会」については、私が情報公開請求した結果を紹介しておきましょう。内閣府では内閣府で推薦された名簿（推薦者名簿）は残っており、私が情報公開請求して窮したところ、部分開示されました。しかし、各省庁から推薦を受けて招待することを決定した名簿（招待者名簿）については、内閣府は廃棄したと説明しています。私の情報公開請求に対しては、一応「存在を確認できず、保有していない（不存在）」として不開示にされましたが、「廃棄した」とは書いてありません。

内閣官房についても、ほとんどの推薦名簿は残っており、私が情報公開請求したところ部分開示されましたが、残っていないところがあります。それが内閣総務官室と内閣広報室です。内閣総務官室も内閣広報室も、私の情報公開請求に対し「すでに保存期間が経過し廃棄しており、保有していない（不存在）」として、不開示決定しました。

総務官室についてはマスコミでも報道されたように、安倍総理以下、自民党の議員が推薦した人たちの名前が載っていて、一番バレては困る名簿が廃棄されたということです。

要するに、一番の闇は推薦者名簿を開示しない総務官室と広報室、そして招待者名簿を廃棄したと説明している内閣府だということです。しかし、実際には名簿はあるだろうと思っています。そうでなければ官僚は仕事ができません。というのは、省庁など担当者に対する内閣府大臣官房人事課の文書「『桜を見る会』招待者の推薦について（依頼）」には、「原則として同一人が連続して招待を受けることのないよう配慮願いします」と明記されていたからです。

最後に――次の衆議院総選挙の重要性と政権交代の必要性

以上、安倍政権における国政私物化事件を入り口にして、憲法状況を含む日本の政治的・法的状況を私なりの視点で振り返りましたが、その重要な問題点は、従来の保守の枠を超えて「戦争できる国」づくりを進める安倍・菅自民党政権の政治的体質に起因していました。安倍・菅政権下では様々な事件の真相解明がなかなか進んできませんでした。そうなると、最後は国政選挙で、真相解明を求める選挙結果を出す必要があります。

菅官房長官が総裁選への立候補を正式に表明した2020年9月2日、NHKのニュース番組「ニュースウォッチ9」に出演し、「自民党総裁になったら『どんな国にしたいか』」との質問に対し、〈自助・共助・公助〉と書いたフリップを持ち、「自助・共助・公助。この国づくりを行っていきたいと思います」と語り、「具体的にどういうことでしょうか？」と問われ、「まず自分でできることは自分でやる、自分でできなくなったらまずは家族とかあるいは地域で支えてもらう、そしてそれでもダメであればそれは必ず国が責任を持って守ってくれる。そうした信頼のある国づくりというものを行っていきたいと思います」と説明したのです。「自助」を第一に掲げる菅政治は、政府の責任を放棄し、福祉国家政策を否定し自己責任論を説く新自由主義政策の再表明です。これでは小泉「構造改革」政権と同じです。

安倍・菅政権は、新型コロナ禍においてPCR検査と補償を充実させるべきなのにそれらを軽視し、かつ、収束後に行う予定だったGOTOキャンペーンを前倒しして強行し、新型コロナを蔓延させました。新型コロナ禍で、財界政治である新自由主義がいかに一般庶民にとって無策どころか有害であるということを、庶民は痛感しました。菅内閣の支持率は40％を切り30％台へと下がり、不支持率の方がはるかに高くなっています。

第2次安倍政権以降、自公与党は得票が伸び悩み（自公両党の衆議院比例代表選挙の得票数は2014年2497・3万票、2017年2553・3万票）、半数の得票を得ていないのに、なぜ総選挙に勝ち続けてきたかというと、投票率が低く、棄権者が5000万人近くあった（2014年4922・7万人、2017年4914・3万人）からです。

今年2021年の秋までに行われる衆議院総選挙で政権交代が実現するカギは、安倍・菅政権が推進してきた新自由主義と軍事大国化を否定し、庶民が安心して暮らせる福祉国家に向けた魅力ある野党共闘の選挙政策を有権者に訴え、有権者に「政治を変える」投票をしてもらい、2009年の衆議院総選挙の時以上に投票率が大きくアップすることです（詳細は冨田宏治・上脇博之・石川康宏『いまこそ、野党連合政権を！　真実とやさしさ、そして希望の政治を』日本機関紙出版センター　2020年を参照）。政権交代を実現し、各事件の真相解明も実現しましょう。

参考文献

上脇博之『逃げる総理　壊れる行政　追及!!「桜を見る会」&「前夜祭」』（日本機関紙出版センター　2020年）
上脇博之『忘れない、許さない！　安倍政権の事件・疑惑の総決算とその終焉』（かもがわ出版　2020年）
上脇博之『政党助成金、まだ続けますか？　安倍自民党本部主導選挙・河井議員夫妻「1億5千万円買収事件」から』（日本機関紙出版センター　2021年）

第2章

森友事件を
ウヤムヤにしてはならない

森友国家賠償事件弁護団長
阪口 徳雄

1 安倍政権の政治私物化の端緒

森友問題は、籠池泰典氏が経営する幼稚園が教育勅語を園児に暗記させるなどの特異な教育方針の「パイオニア小学校」の設置のために、日本の極右翼勢力が全面支援した事件でした。安倍晋三首相（当時）も、このような小学校に特別便宜を図るために、昭恵夫人を利用して様々な支援（私物化）を行いました。

戦前の教育を賛美する幼稚園の小学校用地を確保させるために、ごみが大量に埋設しているとして、約9億円余の国有地を1億3000万円余で低額譲渡したうえに、その経過を書き残した公文書を改ざん、廃棄した事件へと発展しました。

教育勅語を子どもたちに教えるという特異な教育方針でなければ、森友事件が発生しなかったし、安倍も関与していないし、国有地の低額譲渡もなかったでしょう。まして公文書の改ざん、廃棄もなかったでしょう。

安倍政権は憲政史上最長の政権と言われましたが、この裏には、安倍の政治の私物化、「自己保身」の隠蔽などの悪しき産物があったことを語る必要があります。

２ 一議員の情報公開請求が事件を暴露

この事件は、木村真豊中市会議員の情報公開請求により、国有地をたたき売りしていることが社会に明らかにされました。一市民や一議員の情報公開請求が、これほど政権を揺り動かし、また、情報公開請求の威力を国民に示した点で、木村議員の果たした役割は大きいと言えます。

木村議員に会った時に、「なぜこの情報公開請求をしたのですか」と尋ねました。議員は「普通は国有地を売却したら価格が公表されるのに、この事件は公表されていなかった。不思議に思い公開請求をした」と力む様子もなく、答えてくれました。

国政、自治体について、普段から「監視」している議員だからこそできたのであろうと感動を覚えました。わが国では、国民が国政に選挙権以外に行使できる権利は情報公開請求しかありませんが、そうした国政監視立法が貧困な状態であっても、情報公開請求の活用が重要であると教えてもらった一瞬でもありました。

３「真相解明の会」の発足と取り組み

国有地低額譲渡の真相解明を求める弁護士・研究者の会

近畿財務局は、２０１６年６月、学校法人森友学園に対し、小学校用地として国有地を、鑑定価格９億５６００万円からごみ撤去費８億１９００万円などを差し引いた１億３４００万円で売却しました。国会の審議を経た現在でも、ごみ撤去費用に関する算定資料の欠如や交渉経過の記録廃棄など、なぜこのような低額譲渡がなされたかの真相は極めて不透明なままです。また、安倍首相はじめ政府の関係閣僚や官僚らは、野党が求める調査や証人喚問を拒否したり、あたかも事実を隠蔽するかのような答弁に終始したりし、多くの国民を納得させる説明がなされていないのが現状です。

このままでは、国有地が異常に低額で売買された事実はうやむやにされそうであるとの「危機感」から、専門家として何かできることはないかと話し合うなかで、できることは何でもしようと、「国有地低額譲渡の真相解明を求める弁護士・研究者の会」（略称「真相解明の会」）を結成しました。

真っ先に強制捜査すべきは近畿財務局

「大阪地検特捜部は、森友学園問題の疑惑の核心である国有地の低額譲渡について徹底捜査を尽くすべきであり、真っ先に強制捜査すべきは近畿財務局であろう」と、「真相解明の会」は２０１７年６月に、検察の捜査の在り方を批判しました。ホームページに掲載している声明「真っ先に強制捜査すべきは近畿財務局だ（「森友学園」強制捜査に対するコメント）」（https://kokuyuuti-sinsoukaimei.com/7548/）は、以下のとおりです。

大阪地検特捜部は、６月19日、森友学園が、国と大阪府の補助金を不正に得た疑いがあるとして、大阪市淀川区の森友学園や豊中市の籠池泰典前理事長の自宅など4箇所で捜索差押えを行った。……しかし、森友学園をめぐる疑惑の核心は、存在しない地下埋設物の撤去費用名目で不当な値引きがなされて、国有地が不当に低額譲渡された疑惑であり、そこへの安倍晋三内閣総理大臣夫人である安倍昭恵氏の関与と、近畿財務局をはじめとする財務省の背任容疑であり、大阪地検特捜部に期待されるのはこの疑惑の解明である。すでに、木村真豊中市議らによる背任罪での刑事告発が受理されているにもかかわらず、こちらの捜査は放置され、進展していない。

近畿財務省は当時使用していた情報システムをＮＥＣに委託して更新すると以前から報道されているの

であるから、関係証拠を保全する為に直ちに強制捜査すべきであったのに、それを放置して、森友学園のみの強制捜査は国民から見れば本末転倒であろう。……内閣支持率が急落する中、疑惑隠しに終始する政権への批判をそらそうとする「国策捜査」「籠池悪者という印象捜査」との批判を免れない。大阪地検特捜部は、政治家、高級官僚の不正、腐敗を追及することが国民から期待されている。

以上のとおり、特捜部の本末転倒の捜査を厳しく批判しました。

近畿財務局幹部を次々と告発

「真相解明の会」は、2017年7月から2018年5月にかけて、財務局の幹部たちを背任罪、公文書変造罪公文書毀棄罪などで、以下のとおり大阪地検に告発しました。

①背任罪（刑法247条）、証拠隠滅罪（刑法104条）で告発（2017年7月16日）

森友学園をめぐる疑惑の核心は、存在するかどうか実に怪しい地下埋設物の撤去費用名目で高額な値引きがなされて、国有地が著しく低額譲渡された疑惑であり、そこへの安倍総理やその夫人である安倍昭恵氏の関与と、近畿財務局をはじめとする財務省の背任容疑にあります。

大阪地検特捜部に期待されるのは、この疑惑の解明です。すでに、木村豊中市議らによる背任罪での刑事告発が受理されているにもかかわらず、こちらの捜査は未だ進展している様子は見られません。

大阪地検特捜部が国民から期待されている役割は、政治家や高級官僚の国政、自治体などの不正、腐敗を追及することにあります。かつて、生駒市の前々市長が低額な土地を高額に購入した事件を背任容疑で逮捕し、その後に発覚した贈収賄罪でも起訴して懲役2年8か月の実刑判決にするなど、大阪地検は国民の期待に応えました。私たちは疑惑の核心である国有地の低額譲渡問題の真相解明のために捜査を尽くすことを検察庁に求めるとともに、これを疑惑のまま終わらせないために、本件告発をしました。

②公文書変造罪（刑法155条2項）で告発（2018年4月18日）

このような多数の職員が関与して作成し確定した公文書を変更する場合は、新しい公文書の作成になりますから、変更した者、変更した日時、変更箇所を示して変更ができますが、真正文書を作成した者、作成した日時をそのままにして改ざんする行為は許されません。

また、この改ざんについては、氏名不詳者として告発し、特捜部に捜査して特定するよう求めました。ただし氏名不詳者とはいえ、安倍昭恵氏が関与したことを示す記載の公文書の全部削除を佐川宣寿財務省理財局長（その部下の担当者を含む）との間で明示、黙示の共謀をした者として告発しています。その者とはより具体的には、２０１７年2月17日から4月末までの間、安倍総理の国会での答弁内容について、佐川氏の答弁内容と調整、相談、協議、擦り合わせを行った、安倍総理大臣の秘書官を含む政府職員です。

③ 公文書毀棄罪（刑法258条）で告発（２０１８年5月33日）

財務省の国有地の低額譲渡、公文書の改ざん、廃棄など、一連の重大犯罪の真相はうやむやにされようとしています。近時、これらの事件に不起訴という法務省、検察上層部のリークと疑われる「情報」がマスコミに無批判に跋扈していることは極めて残念です。

検察官たちが、中央省庁の公務員の戦後最大の組織的重大犯罪と、その背後に官邸の暗躍が疑われる本件一連の事件の捜査に従事しているのですから、うやむやにするとは信じたくありません。しかし、黒を白という官邸、財務省などの意向を検察が忖度する可能性もあり、検察が国民の期待、信頼を裏切る不安も抱いていることを当会は指摘して、公用文書の毀棄についても立件するよう怒りを込めて財務省を告発しました。

大阪地検特捜部が全員を不起訴

大阪地検特捜部は２０１８年5月31日、森友問題の告発事件全部を不起訴にしました。告発代理人の代表に電話連絡がありました。不起訴理由の大半は嫌疑不十分であり、全く関係していない職員は嫌疑なしという説明でした。

森友問題のスタートは安倍晋三小学校、安倍昭恵名誉校長問題でした。このために国有地を特例的に賃貸し、ごみが1万９５２０トンも存在しないのに、その撤去費用を大幅に値引きして著しく低額で譲渡した事案です。

財務省は公文書まで廃棄、改ざんし、虚偽答弁を繰り返しました。全て安倍総理を「守る」ための戦後最大の官僚の組織的犯罪です。しかし、検察までも安倍一強に怯え、または忖度し、罪に問える証拠があるのに、あれこれの屁理屈で関係者を無罪放免にしました。

安倍官邸に人事権を握られた検察の上層部まで財務省と同じように「腐敗」が進行していることに、同じ法曹の人間として悲しいですし、きわめて残念です。

検察の不起訴は官僚の無法を許容し、拡大させます。

近畿財務局の職員で自死された赤木俊夫さんの手記にあるように、「内閣が吹っ飛ぶような行為」を財務省の官僚たちがしたのですから、検察は公文書変造罪または公文書毀棄罪で最低限立件すべきでした。従前の特捜なら起訴したでしょう。改ざんした決済記録からは、「内閣総理大臣　安倍晋三夫人　昭恵」が与し、また国会議員らの口利きがあった事実は全部削除されました。

土地の賃貸の価格、期間が重要事実であり、それに誰が関与したかとの内容は「余事記載事項」とし、削除されても文書の同一性が失われないという論理で、検察は全職員を不起訴にしました。それが不起訴理由でした。

しかし、「余事記載事項」は、なぜ近畿財務局が特別の便宜を森友学園に与えたかの「動機」であり、「誰が口利き」したかは事件の経過であり、「真相」を書いた公文書です。公文書管理法第4条にいう「近畿財務局の意思形成過程」を書いた文書そのものです。「余事記載事項」が削除されれば、なぜ国は森友学園に賃貸し、低額譲渡したかという真実は見えないことになります。

森友学園と近畿財務局との交渉録のうち217件の議事録が後日公開されましたが、24件は廃棄されたままです。24件が廃棄されていることは、検察審査会の議決要旨で明らかになりました。この廃棄された交渉録の中には、昭恵氏の写真を籠池氏が担当者に示して交渉したという当日の議事録も含まれています。

交渉記録の廃棄処分も不起訴にした検察の理由については、同じ法律家の言葉かと疑いました。理財局長の「交渉録の保存期間は1年未満であり、事案終了により廃棄した」という説明を検察は鵜呑みにしたのです。しかし、国会で提出が議論になっている時は、保存期間満了で廃棄すべき文書であっても、公文書毀棄罪の「公用文書」に該当することは従前の判例にあります。検察の論理はめちゃめちゃです。

検察は森友事件での不起訴処分で、財務省の勝手な「改ざん、廃棄」を合法化してしまいました。この悪弊が、「桜を見る会」での安倍総理の招待者名簿の内閣官房による廃棄を引き起こしました。

森友事案は大阪地検のトップや特捜部だけでは判断できず、最高検や法務省の幹部らの意向も聞いたうえで不起訴にしています。検察庁の不起訴処分をする背景には、検事総長や検事長などへの安倍官邸の人事介入問題がありました。そのことは後の黒川検事長問題で明らかになりました。

大阪地検の担当検事と何回か面談した際に、私は「どうせ森友事件は不起訴事案」という検察幹部筋の情報があるがどうかと質問しました。ところが、「誰がそのようなことを言っているのか」と逆に質問されました。彼らの現場には、そのようなストレートな圧力はなく、もっと上層部でのやり取りであったのでしょう。もっとも、そのような上層部の圧力が仮にあっても、現場の担当検事らには、それを跳ね返す力強さや勢いは感じられませんでしたが。

２００７年に奈良県生駒市の元市長と元議長の背任事件を、当時現職の山下真市長（現在、大阪弁護士会会員）の意向を受けて、私は大阪地検の特捜部に持ち込んだことがありました。この当時の検事たちの「勢い」は「よくぞ特捜事案を持ち込んでくれた」と「感謝」されたほどでした。その気迫から比べれば、森友担当検事たちにはそのような気迫も勢いも感じられず、「厄介な事案」を仕方なく捜査しているという印象で、おとなしいサラリーマン検事が目の前にいただけでした。

検察審査会への申立と検察審査会の議決

①検察審査会への申立と留意点

私たちは検察審査会に審査請求をしました。検察審査会に検察の立場で関与した元検事で現在弁護士や、元審査補助者の弁護士からヒヤリングして、検察審査会の実態を聞きました。とにかく解りやすく平易に書くことに留意するようアドバイスを受けました。しかし、この過程で、検察が不起訴にした事案では、「検察に不利な供述調書とかが審査会に提出されない可能性」があります。また、仮にこれらの膨大な記録が提出されたとしても、検察審査員が読みこなすことは事実上不可能と言えます。

②議決の要旨

議決要旨は、①背任罪は、三好泰介および池田靖については不起訴不当、それ以外の者は不起訴相当、②公文書変造罪および公用文書毀棄罪は佐川宣寿、中村稔、田村喜啓は不起訴不当。それ以外の者は不起訴相当、③公用文書毀棄罪は佐川宣寿、中村稔、田村喜啓は不起訴不当、それ以外の者は不起訴相当、というものでした。

③議決の理由

議決の理由は以下のとおりです。

(1) 背任罪

ア 財産上の損害は検察官の不起訴理由（撤去費用は評価者により異なり合理的で適正という金額は困難）というが、利害関係のない者の見積もりなど客観的な試算を行うべきで再捜査すべき。

イ 国が損害賠償義務を免れたという検察の不起訴理由は森友の弁護士すら損害賠償金額に具体的ではなく弁護士すら厳しいと考えていたこと、生活ごみは契約の範囲外とされていたのに、それも考慮してい

ることは納得できない

ウ　交渉経過からみて池田、三好は1億3000万円に近づけるために上積みも指示をしていることを認めている。

エ　図利加害目的からして、池田、三好などには「自己保身」が認められる。

(2)　公文書変造罪及び公用文書毀棄罪

ア　検察官は作成権限の有無について被疑者らに権限が全くないとは言えないというあいまいな判断と批判している。

イ　いったん決済した文書を修正する場合は修正場所を明らかにして、再度決済するのが社会常識であるが、本件修正は常識を逸脱した行為であり、また大幅に削除されていることから原本が証明した内容が変わってしまっているので変造に該当すると断定。又公用文書毀棄罪は成立する。

ウ　佐川の国会答弁に起因している。
佐川は部下に指示していないという弁明をするが、部下の供述からみて信用できない。

中村は佐川に最も近く、理財局、近畿財務局との伝達役目にない、中核的な役割を果たしていた。

田村は近畿財務局への指示など深い関与が認められる。

エ　松本裕司、及び三好泰介は実行行為者であるが命令に逆らえないので不起訴は相当。それ以外の者は不起訴相当。

(3) 公用文書毀棄罪

ア 公用文書に該当しないという検察官の不起訴理由への判断

本件応接記録は事後的に確認する可能性があり、売買契約締結をもって事案終了とは言えず公用文書に該当する。また情報公開請求や、国会でその存否が問題となった時以降は公用文書に該当するとして検察官の判断を批判している。

イ 応接記録24通を廃棄したことは認められる。

ウ 佐川は部下に指示していないという弁明をするが、部下の供述からみて信用できない。

中村は佐川に最も近く、理財局、近畿財務局との伝達役目にない、中核的な役割を果たしていた。

田村は近畿財務局への指示など深い関与が認められる。

エ 前西勇人、三好泰介、池田靖は実行行為者であるが命令に逆らえないので不起訴は相当。

④ 議決への評価

起訴議決が出なかった点は極めて残念ですが、不起訴不当の理由は実質的に起訴議決の判断でした。私たちの審査請求は実質的に全ての論点が認められ、検察官の不起訴理由をことごとく退けていました。ただ、11人中6人から7人が起訴相当であると判断したと思われますが、

8人には達しなかったのでしょう。

検察審査会の審査における運用の改革・改善の必要性

本件のような政権が関与している事案については、①不起訴裁定書以外に「検察の判断と矛盾する証拠目録とその要旨」を提出させる、②本件のような告発罪名が多く、複雑案件の場合は補助弁護士を1名ではなく、最低2名が必要である、ということを審査請求と同時に検察審査会の事務局へ要請を続ける必要性を学びました。

同時に、弁護士会でも検討して、改善のための協議を裁判所に要請することが重要です。

4 情報公開訴訟と国家賠償請求の勝訴判決

① 情報公開請求（その1）と国家賠償請求

上脇博之氏が原告となり、2017年5月10日付で近畿財務局に対し、森友学園の「小学校設置趣意書」などの情報公開を請求しました。

近畿財務局は同年7月10日「小学校設置趣意書」につき、その表題の小学校名を不開示処分にし、その本文を全部不開示処分にしました。開示された文書はほとんど真っ黒に塗りつぶされていました。

安倍晋三小学校名と当時国会でも議論になっていた文書です。不開示理由は「経営上のノウハウが書かれている」からというもので、法人などに関する情報または事業を営む個人の当該事業に関する情報のうち、「公にすることにより、当該法人等又は当該個人の権利、競争上の地位その他正当な利益を害するおそれのあるもの」という「不開示情報」に該当するという理由でした。

その理由は弁護士から見ておよそ、不開示理由に該当しないと判断したので、同年10月1日その不開示処分の取消を求め、大阪地裁に提訴しました。

第1回弁論を待つまでもなく同年11月24日、近畿財務局長は森友学園の「開成小学校設置趣意書」を全部開示しました。おそらく、訴訟に耐えるような内容ではないと国は判断したのでしょう。

開示された設置趣意書には、「経営上のノウハウ」と言えるような内容はおよそ書かれていなかったうえに、誤字や空欄もあり、未完成の下書きではないかと思われる文書でした。その記載内容も、日本国憲法に適合する「こども権利条約・男女共同参画・雇用均等法」などを「日本人の品性をおとしめ世界超一流の教育をわざわざ低下せしめた」と批判し、さらに戦前の「富国強兵的考え」や「教育勅語」を高く評価する記述になっていて、森友学園の塚本幼稚園の園児の「受け皿が必要」だと書かれていました。これは「安倍首相の教育理念と合致する小学校」と評しうる内容でした。

しかし、名称は「安倍晋三小学校」ではありませんでした。それならなぜマスキングする必要があるのかも不明でしたが、このような誤字脱字のある下書き程度の小学校の設置趣意書で国有地を売買することを認めたことが、財務省の杜撰さを国民に知られることを恐れての隠蔽というのが真相であろうと、弁護団では一致して推測しています。

この2か月遅延した開示について、国家賠償請求に訴えの変更をしました。

２０１９年3月14日大阪地裁（第7民事部）は、不開示処分が情報公開法上違法であり、かつ国家賠償法上も違法であり、職員に過失があったと認定し、国に5万５０００円を賠償するよう命じる原告勝訴の判決を下しました。

原告の主張のほとんどが認容され、森友事件では初めて常識的な判決内容であり、国は控訴を断念しました。原告・弁護団一同は、「あまりにも非常識な行為を控訴して、これ以上の恥の上塗りを避けたのであろう。当然の処置である。それにしてもやっと森友問題で国民の常識が通用したことを歓迎したい」などとする内容のコメントを発表しました。判決書はホームページに掲載しています（http://kokuyuuti-sinsoukaimei.com/7695/）。

② 情報公開請求（その2）と国家賠償請求

原告の上脇氏が２０１７年3月２日、近畿財務局に「森友学園と近畿財務局との面談、交渉記録」文書などの情報公開請求をした事件では、一度は２０１７年5月２日には、これらの文書があるともないとも言わず開示されませんでした。交渉や面談を記録しないのは違法、という裁判を、原告は続けていました。

ところが財務省は、２０１８年６月５日に「森友学園と近畿財務局と面談、交渉記録」文書など合計２１７件の文書があったと公表し、原告の上脇氏にも２０１９年４月２日に、合計２１７件の交渉記録があったという理由で、開示決定をしてきました。

なぜ、このように2年経過して上脇氏に開示してきたのか、もっと早く、特に２０１７年５月２日に開示しなかったのか、佐川らが財務省内部でなぜ遅らせたのかの真相解明を求めて、国家賠償請求に変更する申立を7月８日に提出しました。

２０２０年6月25日、大阪地裁でこの判決が言い渡されました。同判決は、「情報公開請求法に違反して意図的にこれらの文書を不開示にしたのは故意による違法として国家賠償を認容する判決」でした（判決文全文　http://kokuyuuti-sinsoukaimei.com/7724/）。

この裁判は一部勝訴しましたが、隠蔽した当時の理財局幹部の佐川元局長、中村元総務課長（その後に外交官として栄転した人物）らを尋問しなかった点が納得できないとして、大阪高裁に控訴しました。現在、大阪高裁で係属しています。第１回弁論が２０２０年11月19日にありました。

高裁は、国に２０１８年６月４日の財務省の「森友学園案件に係る決済文書の改ざん等に関する調査報告書」について、当時改ざん前の文書はどのような形で存在したのか、誰でも改ざんが可能であったのかなど、10項目について釈明を求めました。高裁の裁判官から見ても、この財務省の報告書を見ても理解できない点があるのでしょう。

安倍、菅総理がこの報告書で十分調査したと、赤木さんの手記が公表された後も答弁していますが、高裁の裁判官から見ても理解できないことが多いのでしょう。赤木さんの遺書が影響していると思われます。

今後二度と同じことを繰り返させないために、私たちは高裁でも裁判を続け、最後はこの判決を最高裁の判例にまで高めたいと決意しています。

5 公文書のあり方を法的に追及する重要性

「政府の公文書のあり方を考える弁護士・研究者の会」発足

安倍政権後の公文書の作成、管理、情報公開が極めて杜撰であることを森友事件で学んだ私たちは、ほぼ同じ弁護団と原告で「政府の公文書のあり方を考える弁護士・研究者の会」を2019年11月に発足させました。

多くの国民に政府の公文書の作成、管理、情報公開のあり方について教え、中央省庁の公文書のあり方を根本的に問うことが必要との認識に達しました。菅政権になっても同じことを繰り返しているからです。

国民に広く情報公開請求をすることを広めるために、ホームページを開設しました（https://kokuyuuti-sinsoukaimei.com/）。情報公開のイロハから公文書管理法の下で作成されているガイドライン、規則、細則　要領などを伝え、また、「上脇教授の情報公開室」を作り、どのように実際は公開請求しているか、体験からのアドバイス室も開設しました。

公文書管理法のガイドラインがあり（https://www8.cao.go.jp/chosei/koubun/hourei/guideline_kaisetushu.pdf）、各省庁が作成した「公文書管理規則」も総務省のサイトにおいて公開されています（https://www8.cao.go.jp/chosei/koubun/about/kikan/kanrikisoku_ichiran.html）。

しかし、公文書管理規則に基づき各省庁内で作られている「文書取扱規則」「管理細則」「要領」などの文書は公開されていません。いちいち情報公開請求をする必要があるのです。

そこで、国民の情報公開請求の便宜に寄与したいと考え、各省庁の「文書取扱規則」「管理細則」などの文書を、私たちのホームページにアップしています（https://kokuyuuti-sinsoukaimei.com/category/koukbunsho/kamiwaki/）。

官僚は憲法や法律は守りませんが、それより下位の特に自ら定めた規則、細則、要領などは遵守するので、情報公開請求において、多くの国民にこの資料を提供するためもあります。ぜひ、各省庁の公文書の情報公開請求をする場合は、その該当省庁の規則、細則、要領にどのように定められているか予め調べて請求することをお勧めします。

情報公開請求訴訟と国家賠償請求による追及

① 黒川検事長の閣議決定情報公開訴訟

２０２０年1月31日、「官邸ベッタリ」と批判された黒川弘務東京高検検事長の任期を延長する閣議決定について、上脇氏が２０２０年6月1日に法務省、人事院、内閣法制局に情報公開請求をしました（https://kokuyuuti-sinsoukaimei.com/7819/）。法務省が開示した文書は「勤務延長制度（国公法第81条の３）の検察官への適用について」という、誰が作成したのか、いつ作成したのかも不明の紙2枚の文書（資料1）でした。

人事院が開示した文書も、法務省の資料の見解については、そのような解釈の余地もあることから、人事院としても特に異論を述べないという、メモ程度に書いた作成日時、作成者がない紙1枚の文書（資料2）にすぎませんでした。

内閣法制局の開示文書は、「応接録」として資料1について「意見がない旨回答した」という、これもメモのような文書（資料3）でした。検事長の人事権を持つ内閣人事局と法務省との交渉があって、そして最後に法務省が、このような違法な禁じ手を考案したことの意思形成過程の文書が本来存在すると想定されるのですが、それらの文書は開示されませんでした。

その真相を求めて、大阪地裁に2020年6月1日に情報公開請求訴訟を提訴し、原告弁護団は第1回弁論期日（2020年11月19日）に、国に次の点の釈明を求めました。

ア　本件資料（1）は人事院、内閣法制局との協議に利用したとの法務省の説明であるが、法務省がもし他省庁との協議をする場合は、法務省行政文書取扱規則（以下、単に取扱規則という）第24条に「法務省外部に施行する場合は紙施行による」とあり、同25条1項において公印、同2項では契印を押すとあり、極めて厳格な書式が要請されているが、その形跡が全くない。この点について被告の説明を求める。

イ　法務省が人事院から接受した文書（資料2）、内閣法制局から接受した文書（資料3）の取扱について人事院からの文書（資料2）は法務省においては他省庁からの文書を「接受」したことになる。内閣法制局からの文書（資料3）も同様である。法務省の取扱規則8条には次の通り定めている。

第8条　秘書課は、文書の接受を主管する。ただし、部局（秘書課を除く）が、次に掲げる方法により直接文書を受領したときは、原則として、当該部局において第10条に定める受付の手続を行うものとする。

⑴使送を受け、又は会議等により受領したとき。
⑵陳情、建議等により受領したとき。
⑶ファクシミリにより受領したとき。
⑷電子文書（行政文書以外の文書を含む。第10条第4項において同じ）を受領したとき。

本件資料2、3の文書は、前条の8条のただし書きが適用されるケースと思われるが、その場合の上記規則は10条に次の通り定めている。

第10条　部局は、第8条ただし書に定めるところにより文書を受領したとき及び前条により文書が送付されたときは、速やかに、当該文書が当該部局の所管に関する文書であることを確認するものとする。

2　部局は、前項により確認を行った文書については、文書管理システムに所要の事項を入力し、受付番号を登録するとともに、当該文書の余白に受付印（様式第1号）を押印し、受付番号を記入するものとする。

しかるに、本件資料2、資料3の文書には、上記規則の「接受」に定められた様式が遵守されていない。法務省が自ら定めた管理規則を遵守せずに作成された「接受」文書などおよそ信用できないが、どう説明するのか。

以上のとおり、国に説明を求めました。

今後、黒川検事長人事についての法務省、人事院、内閣法制局の検討過程を求めて法廷で攻防が開始されます。

②アベノマスク情報公開訴訟

安倍総理がコロナ対策で場当たり的に決定し、失敗の典型例であるアベノマスク。その単価について、上脇氏が情報開示請求をしました。ところが、単価部分を真っ黒にして単価を開示しませんでした。この単価の不開示処分の取消訴訟を2020年9月28日に提訴しました（訴状 https://kokuyuuti-sinsoukaimei.com/7824/）。

③内閣官房に対する「細則」などの情報公開請求と国家賠償請求（2020年10月14日）

わずか30分もあれば判明する、内閣官房が作成している公文書管理細則などの公文書の情報公開請求をしたにもかかわらず、法律に定められた30日以内に開示せず、さらに30日延長決定して情報の開示を引き延ばされました。本来なら30日以内に開示すべき文書を延長する内閣官房総務官決定は違法であるとの行政訴訟も、２０２０年10月14日に提訴しています。なお、60日経過して開示されたので、２０２０年11月28日の第１回弁論期日で国家賠償請求に訴えの変更をして、裁判所は同年12月に訴えの変更を許可しました。

次回２０２１年２月19日からは、なぜ国は30日も延長決議をしたかの説明をすることになります。赤木さんの「手記」に書いてある「開示すべき行政文書でもできる限り引き延ばす」という手法は財務省だけでなく、内閣官房でも行われていたのです。このような情報公開に消極的な姿勢を批判することが訴訟の目的です。

6 今後の目標と課題

政府の公文書の管理は安倍政権、菅内閣官房長官によりデタラメにされました。これを承継した菅政権もこれを存続しようとしています。これを存続させてはなりません。これでは政府の意思決定の過程がきわめて不透明にされます。

第1に、公文書を作成すべき義務*があるのに、様々な理由をつけて公文書を作成していない実態があります。内閣官房が特に酷いということは、毎日新聞取材班の『公文書危機　闇に葬られた記録』(毎日新聞社　2020年)に詳しく記されています。この本は、内閣官房と各省庁の協議について情報公開請求を駆使して、その実態を見事に暴露しています。記者クラブで待機する記者ではなく、情報公開を駆使してそれを明らかにする手法で、見事です。

このようなケースの場合には、情報公開請求に対して「作成、取得せず」という理由で不開示決定にするやり方をしてきますが、私たちは訴訟を活用して、これを公開の法廷で国に説明を求め、批判することが必要だと思っています。勝訴するかどうかではなく、なぜこのように文書を作成しないのかについて釈明させるよう、各省庁の官僚を尋問することが必要です。時には国家賠償請求も活用する必要があるでしょう。

第2に、情報公開請求をされると各庁内の意思形成過程が判明するので、それを隠蔽するために、各個人が貸与されているパソコンに個人が保有した形で保存し、「組織共有性」がないとして情報公開に応じないケースです。しかし、各省庁が重要な意思を決定しながら、それに応じた文書を作成していないとして「不存在」として開示しない、いわゆる情報隠しについては情報公開訴訟や国家賠償請求をして公開の法廷で国に答弁させ、組織共有性がないのかと批判することが課題になります。

第3に、1年未満の保存期間にして、事案の終了と同時に「廃棄」した形にして、情報公開があっても廃棄したとして開示しないケースが多くあります。このケースも公開の法廷で国に説明を求め批判することが必要でしょう。

この3つの問題を国会で議員が質問しても、お茶を濁した答弁で官邸、官僚は逃げ、真実を明らかにしません。私たちは情報公開法を活用して、国会答弁では数の力で押し切り、ごまかす彼らの手法を公開の法廷で批判し、その是正を求めねばなりません。これを明らかにすることは、弁護士・研究者に課せられた課題だと思って取り組んでいます。

＊ 公文書を作成すべき義務とは、公文書管理法、政府が作成した公文書管理に関するガイドライン、各省庁が作成した公文書管理規則、管理細則、取扱規則などの文書において作成を義務づけられている場合をいう。

資料

赤木雅子さんの陳述書全文

森友公文書改ざん損害賠償請求訴訟

森友学園をめぐる財務省の公文書改ざん問題で、改ざんに加担させられたとして自死した同省近畿財務局職員・赤木敏夫さんの妻・雅子さんが、夫の公務災害認定に関する情報を速やかに開示するよう国に求めた裁判で、国と佐川宣寿元財務省理財局長を訴えた大阪地裁での第1回口頭弁論での陳述（2020年7月15日）を全文掲載します。

1　私の夫、赤木俊夫は決裁文書を改ざんしたことを悔やみ、自ら人生の終止符を打ちました。2018年3月7日のことです。
夫は震える手で遺書や手記を残してくれました。

私は夫の死後2年経過した2020年3月18日、やっと遺書や手記を公表しました。

そして、同じ日に、夫が自ら命を絶った原因と経緯を明らかにし、夫と同じように国家公務員が死に追い詰められることがないようにするため、そして、事実を公的な場所で説明したかったという夫の遺志を継ぐため、国と佐川さんを訴えるところまで進みました。

以下、この訴訟に対する私の思いを陳述させて頂きます。

2　夫は、亡くなるおよそ1年前である2017年2月26日（日曜日）、私と神戸市内の梅林公園にいた時、近畿財務局の上司である池田靖さんに呼び出され、森友学園への国有地払い下げに関する決裁文書を改ざんしました。

決裁文書を書き換えることは犯罪です。

夫は「私の雇い主は日本国民。国民のために仕事ができる国家公務員に誇りを持っています」と生前知人に話していた程国家公務員の仕事に誇りを持っていました。

そのような夫が決裁文書の書き換えという犯罪を強制されたのです。夫の残した手記によると、夫は改ざんを指示された際に「抵抗した」とあります。また、私は、夫の死後、池田さんからも、夫は改ざんに最初から反対していたと聞きました。

夫が決裁文書の改ざんによって受けた心の痛みはどれだけのものだったでしょうか。国家公務員としての誇りを失ったでしょうし、強い自責の念に襲われたと思います。

夫は手記や遺書に「この事実を知り、抵抗したとはいえ関わった者としての責任をどう取るか、ずっと考えてきました。事実を、公的な場所でしっかりと説明することができません。今の健康状態と体力ではこの方法をとるしかありませんでした。（55才の春を迎えることができない儚さと怖さ）」、「現場として相当抵抗し、最終的には小西次長が修正に応じ、修正前の調書に合わせて自ら、チェックマークを入れて定裁《ママ》を整えました。事実を知っている者として責任を取ります」と書いています。

夫は改ざんしたことを犯罪を犯したのだと受け止め、国民の皆さんに死んでお詫《わ》びすることにしたんだと思います。夫の残した手記は日本国民の皆さんに残した謝罪文だと思います。

3　国は、夫の自死の真相が知りたいという私の思いを裏切り続けて来ました。

（1）財務省は、夫が亡くなった5日後の2018年3月12日に改ざんしたことを認め、3か月後の6月4日に調査報告書を発表しました。

しかし、この調査報告書の中には、誰のどのような指示に基づいて夫が改ざんを強制されたのか記されていません。夫が自死したことすら記載されていません。夫の手記についても、提出を求められていないので当然ですが、一切触れていません。

池田さんは、夫が亡くなってから1年後、自宅で私に「赤木さんはきっちりしているから、文書の修正、改ざんについて、ファイルにして、きちっと整理していたんです」、「パラッと見たら、めっちゃきれいに整理してある。全部書いてある。どこがどうで、何がどういう本省の指示かって。修正前と修正後、何回かやり取りしたような奴《やつ》がファイリングされていて、パッと見ただけでわかるように整理されている。これを見たら我々がどういう過程で改ざんをやったのかというのが全部わかる」と仰っていました。でも、調査報告書にはこのファイルについても記載がありません。

（2）私は、夫の自死が公務災害となった理由を知るため、人事院に対して情報開示請求をしました。しかし、人事院の開示した文書は70ページのほとんどが黒塗りで、夫がなぜ自ら死を選び悩み苦しんだのか、私の知りたいことは何一つわかりません。

そこで、私は、２０２０年4月13日に近畿財務局に対して情報開示請求をしました。しかし、1か月後の5月13日に開示されたのは、年金の金額や支払日などが書かれたたった10頁《ページ》の文書でした。残りの文書については、新型コロナによる緊急事態宣言に伴う処理可能作業量の減少などを理由に、1年後の２０２１年5月14日までに開示決定をするそうです。国はこの裁判でも同じような態度をとるのでしょうか？　これではこの裁判でも真実には近づけません。

（3）私は夫が自死に追い詰められた真相を明らかにするため第三者委員会による再調査を求める電子署名を始めました。電子署名には35万人を超える方々から賛同の署名を頂きました。

電子署名は２０２０年6月15日に安倍首相や麻生財務大臣へ提出しました。しかし、安倍首相も、麻生財務大臣も、すでに検察の捜査も済んでいるので調査しないと夫のことを切り捨てました。でも検察の捜査は刑事処分のためのもので、真相解明の調査とは別の物です。

国は国民にも夫にも向き合わず、あるものを出さずズルズル先延ばしにして逃げています。再調査を実施して、正直に全て明らかにしてください。再調査の結果はこの訴訟でも役に立つと思います。

4　安倍首相は、2017年2月17日の国会で、安倍首相や安倍昭恵さんが森友学園の国有地払い下げにかかわっていたら総理大臣も国会議員も辞めると発言しました。

財務省秘書課長だった伊藤豊さんは、2018年10月、私に対して、「この首相の発言によって野党が理財局に対して資料請求するなど炎上したため理財局は改ざん前の文書を出せなかった。その意味で、首相の発言と改ざんは関係がないとはいえない」と言いました。

安倍首相は、自分の発言が改ざんの発端になっていることから逃げているのではないでしょうか。安倍首相は自分の発言と改ざんには関係があることを認め、真相解明に協力して欲しいと思います。安倍昭恵さんも森友学園への国有地売却の関係を明らかにしてほしいと思います。

池田さんも、池田さんの前任者の前西勇人さんも「裁判になれば本当のことを話します」と私にはっきりと言いました。この裁判では、前西さんには安倍昭恵さんと籠池夫妻のいわゆるスリーショット写真がどのように国有地の取引に影響したのかを、池田さんには国有地値引きと決裁文書改ざんをめぐり近畿財務局の中で何が行われたのかを話して頂きたいと思います。

また、佐川さんをはじめとする理財局の幹部の人達や、美並局長をはじめとする近畿財務局の幹部の人達も、事実をありのままに話して欲しいと思います。

もしこれらの人達が裁判に来なかったり、裁判に来ても事実を話さなかったとしたら、国が本当にあったことを国民から隠し、全てなかったことにするために止めたのだと思います。

安倍首相、麻生大臣　私は真実が知りたいです。

5

夫は亡くなった日の朝、私に「ありがとう」と言ってくれました。

最期の夫の顔は「絶望」に満ち溢《あふ》れ、泣いているように見えました。決して生き残らないように電気コードは首にきつく二重にくくりつけていました。怖がりだった夫がこんなことをしなければならないなんて。

真面目に働いていた職場で何があったのか、何をさせられたのか私は知りたいと思います。

6

最後に、裁判官の皆様にお願いがあります。

私は、訴状でも書いてありますが、3つの目的のために訴訟を始めました。

その中でも一番重視しているのは1つ目の夫が自ら命を絶った原因と経緯を明らかにす

ることです。

訴訟の手続は私には難しくて分かりませんが、是非とも夫が自ら命を絶った原因と経緯が明らかになるように訴訟を進めてください。夫が作成したファイルを含めてできるだけ沢山の資料を集め、できるだけ沢山の人の尋問を行って事実を明らかにしてください。そしてその上で、公正な判決を下してください。

宜《よろ》しくお願い致します。

第3章

加計学園問題と安倍・菅政権の国政私物化

元文部科学事務次官
前川 喜平

加計学園問題を風化させない

森友・加計・桜に学術会議問題と、政権による国政の私物化や暴走が止まらなくなっていますが、加計問題は一番風化が進んでいるのではないかという気がします。もうあれはしょうがないのではないか、今治にでかい獣医学部ができたしということで、一番忘れがちではと思います。しかし、忘れてはいけないのだということを申し上げたいです。

加計学園問題というのは、ほかの国政私物化の問題と比べても、事実関係が一番よく分かっている問題だと思います。２０１７年の春から夏にかけて、文部科学省からリークという形で様々な文書が国民の眼にさらされました。当初、菅義偉官房長官は記者会見で「怪文書だ」と切って捨てようとしました。文科省は文書の存否を「調査」しましたが、確認できなかったと言いました。私が5月25日に記者会見したのは、その後です。確認できないわけがありません。「この資料出して」と言えばすぐに出てくる文書です。だから、「あったものをなかったことにはできない」と私は言ったのです。

「前川さんはあったと言っているではないか」と、東京新聞の望月衣塑子記者などが菅官房長官を記者会見で問い詰めました。その結果、文科省が2回目の「調査」をしたのです。おそらく菅官房長官は、2回目も「確認できなかった」という結果になると思っていたのでしょう。

しかし、文科省は2度目の調査の結果、存在が確認できたと言ったのです。2回も「調査」するまでもなく、あることはみんな分かっていたわけですから、本当は調査など必要なかったのですが。あるにはあったと、私の古巣である文科省は認めました。

文科省は中央省庁の中でもかなり良心が残っている役所ではないかと、私は思っています。子どもの教育を預かっているのですから、あまり嘘はつけないという気持ちがどこかにあります。2017年に文科省から出てきた文書はあったと認めた。ただそこに書いている中身は事実ではない、と政府は言い張ったわけです。

しかし、これらの文書には加計学園の獣医学部と安倍首相との関わりがばっちり書いてありました。加計学園に獣医学部を作らせるというのは「総理のご意向」である、「官邸の最高レベル」が言っていることだ。こういうことがはっきり書いてありました。これらの文書は主に、内閣府で獣医学部新設問題を扱っていた国家戦略特区担当の藤原豊審議官が、文科省の専門教育課長に向かって話したことを、文科省側が記録したものでした。

当時官房副長官で現在は文科大臣の萩生田光一氏も、獣医学部新設を進めていました。萩生田氏が安倍首相、加計孝太郎理事長とともにバーベキューの場で缶ビールを手にしている写真は、かなり有名になりました。萩生田氏は落選中に、加計学園の大学の客員教授をしていたこともあります。

私自身に早く獣医学部を作らせろと示唆したのは、内閣総理大臣補佐官の和泉洋人氏でした。

この方はずっと首相補佐官をやっているわけですが、実態としては安倍さんの側近というよりも菅さんの側近です。横浜の時代から関係が深いです。和泉氏はもともと国土交通省出身でしたが、特区構想にはきわめて詳しい、というよりも、これまでの特区構想は彼が指示して作ったと言ってもいいぐらいです。

歪められた行政

獣医学部の新設というのは、加計学園と今治市が、最初は構造改革特区の仕組みの中で実現しようと試みたわけですが、15回提案して15回とも失敗しました。農水省と文科省で検討して、却下されました。農水省の基本姿勢は、日本の獣医師の数は足りている、これ以上獣医学部を増やす必要はないというものでした。農水省が要らないという以上、獣医学部の新設は認めないというのが文科省の姿勢でした。

構造改革特区ではできないのなら、国家戦略特区という仕組みを使えばいいじゃないかということになりました。国家戦略特区制度はアベノミクスの3つ目の矢である成長戦略の一環で、「国家戦略だ」と言えば特別扱いできてしまう、そういう仕組みなのです。

加計学園問題では、行政が歪められたわけですが、それを私なりに整理しますと、①きちんと審査しておらず正当なプロセスを踏まえていないという「不公正」、②加計学園を上回る優れた京都産業大学が獣医学部を作りたいとしたにもかかわらず、強力なライバルを理不尽な形で認めなかった「不公平」、③一連のプロセスが加計ありきであったにもかかわらず、ずっと加計隠しが行われていたという意味で「不透明」、という不公正・不公平・不透明がありました。

正当なプロセスを経ていないというのは、国家戦略特別区域法に照らしても不公正だということを含んでいます。国家戦略特区制度そのものも問題があり、私物化が容易にできる仕組みなので、国家戦略特別区域法は悪法だと思いますが、この悪法に照らしても不適切、不当なプロセスを経たということです。

国家戦略特別区域法で特別に規制緩和が認められるための要件は、この法律の中できちんと書かれています。「国際的な競争力」を持つ事業であるか、「国際的な経済拠点」になる事業であるかという場合に限って、特別に規制緩和するということになっているのです。だから、加計学園が新設したいという獣医学部が国際的な競争力があるのか、あるいは国際的な経済拠点になるのか、この審査をきっちりとやらなければならなかったはずです。

この審査は、したことにはなっているのです。国家戦略特別区域法に基づいて作られている国家戦略特区諮問会議というのがあって、議長は安倍首相だったわけですが、その諮問会議の下にワーキンググループが設けられていて、実質的な審査はこのワーキンググループがすることになっていました。ワーキンググループの座長というのが、元大阪大学教授の八田達夫氏です。この方は２０１７年の国会での参考人招致で質問されて、「審査について一点の曇りもない」と答えました。

「審査について一点の曇りもない」。これは私も同意します。なぜならば、何も審査していないからです。審査らしい審査を何もしていませんから、曇りもないのです。要するに、今治市から提出された「世界に冠たる獣医学部をつくる」というペーパーを見て、ああそうですか「世界に冠たる」ものなのですねということで、国家戦略特区の要件に適合していると判定したわけです。中身については何も審査をしていない。実際に作られた加計学園の獣医学部は、国際競争力どころか国内競争力すらない。

２０１５年6月30日に閣議決定があって、いわゆる「石破4条件」というのが決められていたのに、この4条件に照らして審査をすることもしていない。その中には、「既存の大学ではできない獣医師養成をする場合に限って新設を認める」という条件もありました。だから、本来、ワーキンググループでは学部新設計画の内容をきちんと審査して、東京大学でも北海道大学でもできない教育・研究をするのだということを確認しなければならなかったのです。きちんと審査したら通るはずのない案件だったわけです。

今、新型コロナウイルスが世界中で猛威を振るっています。この感染症はコウモリから人がうつされたと言われています。こういう病気のことを「人獣共通感染症」と言いますが、２０１６年9月に今治市が提出した獣医学部新設の趣旨を書いた文書には、人獣共通感染症の国境を越えた流行に対し、既存の大学では十分な取り組みがなされているとは言えないので、新しい学部で世界に冠たる先端ライフサイエンス研究を行うのだと書かれていました。加計問題で安倍前首相が厳しく追及されていた2017年6月には、国家戦略特区諮問会議の竹中平蔵氏、八田達夫氏ら民間委員が、加計学園の獣医学部新設を認めることの「正当性」を主張した文書を公表しましたが、その中でも人獣共通感染症対策が、学部新設に必要な理由として挙げられていました。

では、加計学園の獣医学部は、新型コロナウイルス感染症という人獣共通感染症に対して、何か学術上または人材養成上の貢献をしたのでしょうか。「世界に冠たる研究」をしているのでしょ、何してるんですか、と聞いてみたいものです。

キーパーソンだった和泉補佐官

国際競争力があるとか、国際経済拠点になるとかいう理屈さえでっち上げれば、お友だちの学校法人に学部を作らせてやることができる、この知恵をさずけたキーパーソンは、和泉氏だと思います。和泉氏が「この制度が使えますよ」と知恵を出したのでしょう。

国家戦略特区制度を利用した学部新設には前例がありました。千葉県成田市に作られた国際医療福祉大学の医学部です。国際医療福祉大学は、付属病院はあるのに医学部はないという大学でした。病院経営から事業を成長させた高木邦格理事長としては、医学部設置は悲願だったのでしょう。しかし、文科省の大学設置認可基準という告示で、医学部の新設は認めないことになっていました。そこで、彼は政界・官界への広範な人脈を使い、国家戦略特区制度を利用して医学部を設置することに成功したのです。国家戦略特区の事業として認められるよう国際拠点だということを示すため、入学定員には留学生枠が設けられています。しかし、本当に国際拠点になる大学なのかどうかは疑わしいものです。

加計学園の獣医学部新設があれだけ問題になったのに、国際医療福祉大学の医学部がほとんど問題にならなかったのはなぜかと言えば、1つには日本医師会が最後までは反対しなかったということでしょう。加計問題の場合は、日本獣医師会が最後まで反対していました。もう1つは、高木氏には政治家のお友だちがすごくたくさんいたということです。それに対して、加計氏には安倍氏しかお友だちがいなかった。だから目立っていました。いずれにせよ、国際医療福祉大学の医学部新設と同じ手を使えば、加計学園の獣医学部も作らせてやることができる、と知恵を出した人がいる。それは和泉氏しか考えられません。

「安倍側近官邸官僚」と「菅側近官邸官僚」

和泉氏は官邸権力に直接に奉仕する官僚です。安倍・菅政権の下では「官邸官僚」と呼ばれる政権中枢で知恵を出す官僚がいるわけですが、安倍政権下では今井尚哉首席秘書官を先頭とする安倍首相側近の官邸官僚が力を持っていました。原発輸出などのエネルギー政策を進めたり、全国一斉休校を進言したりしたのが今井氏です。アベノマスクを発案したのは佐伯耕三という秘書官だと言われています。対露外交を仕切っていたのは長谷川榮一補佐官です。長谷川氏は内閣広報官も兼ねていましたから、安倍首相の記者会見を仕切っていたのも彼です。内閣府政策統括官だった新原浩朗氏は一億総活躍などの政策を考えました。この人はタレントの菊池桃子さんと結婚して話題になりました。

今名前を挙げた安倍側近官邸官僚は、すべて経産省出身でした。だから、安倍内閣は「経産省内閣」などと呼ばれたわけです。

一方、菅官房長官に近い官邸官僚としては、内閣官房副長官の杉田和博氏、杉田の弟分の内閣調査室安全保障室長の北村滋氏といった警察官僚がいます。和泉首相補佐官は、安倍首相よりは菅官房長官の側近の官邸官僚だったわけです。

今、安倍側近の官邸官僚がいなくなって、菅側近の官邸官僚が残り、官邸の中が一元化されてきています。官邸の中に安倍側近系と菅側近系との確執がありましたが、それがなくなって菅一強体制が官邸の中にも作られていると思われます。和泉氏は菅側近の中でも非常に知恵がある、悪知恵といった方がいいかもしれませんが、これからも官邸の中心にいて知恵を発揮するでしょう。

動かぬ証拠「愛媛県文書」

加計問題で事実関係はもう分かっていると述べたのは、証拠となる文書が豊富にあるからです。まず、２０１７年に文科省からリークされた一連の文書があります。先ほど述べた「総理のご意向」「官邸の最高レベルが言っている」などの記述のある文書だけでなく、京都産業大学を排除するために、わざわざ「広域的に」獣医学部が存在しない地域に限って新設を認めるという条件を後から付け加えたのが、当時の内閣官房副長官だった萩生田氏、現在の文科大臣だったということも分かっています。そのことは内閣府の職員から文科省の職員に宛てたメールの中に書いてありました。

さらに決定的な証拠になったのは、２０１８年に愛媛県が国会に提出した文書です。これはもう動かぬ証拠です。私自身は、加計学園問題には2016年8月以降にしか関与しなかったので、それ以前の経緯については当時は分かりませんでしたが、愛媛県の文書を見ると、２０１５年の時点から何が起きていたかということが分かります。

加計学園の渡辺良人事務局長が何度も愛媛県庁にやってきて、構造改革特区で獣医学部を作るというプランの進捗状況を逐次報告していました。その報告の内容を克明に記録していました。愛媛県の役人自身が東京に来て、関係者と面談した記録もあります。愛媛県の文書は初めから怪文書とは言えない公文書です。愛媛県が作った公文書を、中村時広知事の責任において参議院の予算委員会に提出したということですから、内容の正統性は非常に高いです。

これらの文書を読むと、私が知らなかった経緯がよく分かります。表向きは、加計学園が獣医学部の新設を公式に認められたのは２０１７年1月20日ということになっていますが、それをさかのぼること約2年、２０１５年2月25日に、加計理事長と安倍首相とが15分間面談したと書いてあり、そこで加計理事長が新しい獣医学部の説明をし、安倍首相は「そういう新しい獣医学部はいいね」とコメントしたことも書いています。

それから、３月とおぼしき時期に、２人は会食もしていて、その際に出てきた話も書いてあります。加計理事長が「地元の動きが鈍い」と言っているわけです。これはどういう意味かというと、地元の今治市が思ったほど協力してくれないと……。それは補助金の額だと考えられます。当初は50億円ぐらいしか出さないということでしたから。

その結果、何が起きたかというと、加計学園の渡辺事務局長が今治市と愛媛県の担当課長を連れて、官邸を訪れて柳瀬唯夫首相秘書官と面談をした。その時に柳瀬氏が語った内容も克明に記録されています。開口一番、「本件は首相案件となっている」と言った。首相秘書官は首相の側近、側近と言えば首相に一番近いところにいるわけで、その秘書官が首相案件だと言ったわけですから、首相から言われたとしか考えられません。首相の言葉でないことを伝える秘書官はいないはずです。柳瀬氏が「首相案件だ」と言ったことは、首相から直接言われたとしか考えられません。

さらに柳瀬氏は今治市と愛媛県の課長に対して、「死ぬほど実現したいという意識を持つことが最低条件だ」という言葉を吐いた。「死ぬほど実現したいという意識を持て」というのは、「ぎりぎりまで金を出せ」という意味だと思われます。その結果、イニシャルコストとして出す補助金が96億円まで跳ね上がりました。そのうち3分の1は愛媛県が負担しますということになった。37億円相当の今治市の市有地は無償貸与ではなく、無償譲渡されることになりました。

このように2015年の春の段階で、安倍氏と加計氏の面談を皮切りに、加計学園に獣医学部を作らせてやるための談合が行われていました。国家戦略特区制度を利用して新設規制をすり抜けるためにはどうやったらいいか、提案書の書き方を含めて、内閣府の藤原豊審議官や官邸の柳瀬秘書官が手取り足取り指南したことも、愛媛県文書から分かります。採点する方の教官が、答案を書く学生に、こう書いたらいいと答案の書き方を教えるようなものです。

そういう経緯を経たのですが、特区の担当大臣（内閣府特命担当大臣）が石破茂氏だった間は動いていません。石破氏が2016年8月に内閣改造で大臣を退いて、山本幸三氏が担当大臣に代わってから一気呵成に動き始めていきました。

安倍首相の虚偽答弁

愛媛県の文書を読めば手に取るように分かります。加計理事長と面談したと文書に書いてありました。にもかかわらず、安倍首相は国会の答弁で、加計理事長と獣医学部新設の件で面談したことはないと、言い切っているわけです。これはもう虚偽答弁としか言えません。だったら、なぜ愛媛県の文書に書いてあるのか。その説明については、「加計学園の事務局長が愛媛県に嘘の報告をしたからだ」としています。加計学園の事務局長がわざわざ愛媛県庁に行って嘘の報告をしたという話にしたわけです。はっきり言って子ども騙しです。

渡辺事務局長は、「なぜそのような虚偽の説明をしたのか」と報道陣に問われて「ふと思った」と答えています。ふと思って、これだけのストーリーが作れるなら、この人は小説家にでもなったらいい。ご丁寧なことに、この渡辺事務局長は、「ないことをあると言って報告した」ということで、加計理事長から減給処分を受けています。減給といっても形だけのもので、その後にボーナスで埋め合わせしているかもしれませんが。

このように、加計学園問題についての事実関係は明らかです。加計学園問題については、真相究明はもう必要ありません。必要なのは責任追及です。そこが森友問題とは違うところかなと思います。森友問題ではまだ真相が藪の中にありますから。加計学園問題の事実関係は明らかなのに、安倍氏と政府の説明は強弁に過ぎない。あったことをなかったと言って、なかったことをあったと言っているわけで、虚偽であることは明らかです。

ただ、この問題は民事でも刑事でも裁判になる要素は少ないです。裁判になれば事実関係ははっきりすると思いますが、裁判に持ち込む道がほとんどない。国家戦略特区の法律に照らして、きわめて法的適合性が低く、違法性が高いと思いますが、それで争訟になるかというとなかなかならないと思います。

政治家同士の確執

あまり知られていませんが、獣医学部の新設については、閣内でも自民党内でも賛否両論がありました。先ほど言ったように、石破大臣は慎重派でしたので、石破大臣のいる間は進みませんでした。それだけではなく、閣内・党内に強力な反対勢力がありました。日本獣医師会という圧力団体の影響下にある政治家たちです。その筆頭格は麻生太郎財務大臣です。

獣医師会にしてみれば、獣医師が増えれば業界内の競争が激しくなり、収入に影響するという心配があります。だから獣医学部の新設には絶対反対でした。麻生氏の地元福岡県の自民党福岡県連会長は、福岡県議会議長経験者で麻生氏に近い蔵内勇夫という人物でしたが、この蔵内氏こそは日本獣医師会の会長だったのです。

獣医学部新設を認める国家戦略特区諮問会議は11月9日に開かれました。その半月前の10月23日に、福岡6区で衆議院の補欠選挙が行われました。鳩山邦夫議員の死去に伴う選挙です。県連会長の蔵内氏の息子さんの蔵内謙氏が県連推薦で立候補し、自民党本部の公認を求めたのですが、ここでもう一人自民党から立候補する人がいました。それは亡くなった鳩山氏の息子さんで当時は福岡県大川市長だった鳩山二郎氏です。自民党本部はどちらにも公認を与えず、実力で勝負させることにしました。蔵内候補は麻生財務大臣が応援しました。鳩山候補は菅官房長官や二階俊博自民党幹事長が応援しました。

この補欠選挙の結果が、加計学園の獣医学部新設に大いに関係したのです。蔵内氏が勝てば、獣医師会の発言力は高まる。逆に負ければ弱まる。それは麻生氏の政治力のバロメーターでもあったわけです。実際、文科省から流出した文書の中で、松野博一文科大臣や萩生田官房副長官が、福岡6区の選挙結果を見る必要があるという発言をしています。

加計学園獣医学部新設は行政としては歪んでおり筋の悪い話でしたが、政治の世界では政治力の強い方が勝つわけで、それが福岡6区の補欠選挙で試されました。結果は鳩山氏の圧勝、蔵内氏の惨敗でした。政治家たちは、加計学園獣医学部新設問題について、ここで勝負あったと見たわけです。福岡6区の有権者が、今治の加計学園の獣医学部新設にゴーサインを出したことになるわけです。福岡6区の人たちには全くそんな意識はなかったでしょうが。

勇気ある現職官僚

加計学園問題については、文科省からどんどん文書が出てきました。私自身が持っていたものを提供したものもありますが、文科省の中に今もいる現職の公務員がかなりたくさんの文書を提供していると思われます。おそらく3人か4人、そういう現職官僚がいると思われます。私が見たことのない文書があり、退官後にメディアに見せられて知った文書もありました。担当職員のパソコンの中にしかないだろうというメールの文書も出ています。退職してから発言している私などより、現職にいながら内部情報を国民に知らせた彼らの方が、百万倍も勇気があると思います。

文科省の中で加計問題がまともな行政だと思っていた人間は一人もいません。それは当時の文科大臣だった松野氏も含めて、上から下までこの仕事は本当にひどい仕事だ、安倍首相のお友だちのために無理を承知でやらされているという感情を、全員が共有していました。ですから、どこからか文書が流出してもおかしくなかったわけです。

文科省という役所は政権の中枢の近いところにいない、もともと霞が関では周辺部分にいる役所でして、霞が関の三流官庁と言われているところだったので、かえっていろいろな文書が出てきたのだと言えると思います。

官邸による官僚人事

ただ、私のような「不届き」な事務次官がいたということで、文科省の人事の締め付けは、その後、非常に厳しくなっています。内閣人事局というよりも、菅氏や杉田氏の力で文科省の人事が官邸でコントロールされています。

文科省の事務次官人事にも官邸の介入の跡が見られます。現在文科事務次官の藤原誠氏は、文部省への入省年次で私の3年後輩にあたります。もう2年以上事務次官をやっていますが、本来次官になるとは考えられていませんでした。本命どころかダークホースですらない、いわば次官レースから脱落したと言われた人物です。彼は2018年3月、大臣官房長の時に60歳の定年が来ていました。ところがその定年を延長してもらった。そのうえで、その年の10月に事務次官に就任したのです。事務次官にするために官房長の定年を延長したわけです。

本来は事務次官となるナンバー2にいた文部科学審議官の小松親次郎氏は退官させられ、藤原官房長が2階級特進で事務次官となりました。これは無理のある異常な人事でした。さらに藤原氏は2020年3月いっぱいで62歳の事務次官の定年が来たのですが、その定年も延長されています。7月には文科省の幹部人事があり、文部科学審議官の2人が退官しましたが、藤原次官は留任しました。このように定年延長という仕組みを使って、官邸のお眼鏡にかなった人物を重要なポストに据え置くということが、文科省の人事でも実際に行われているのです。
こういう人事は文科省だけでなくてどこの役所でも行われています。同じ手法を検察庁にも適応しようとして失敗したのが、黒川弘務氏を検事総長に据えようとする人事でした。

一方、菅首相は官房長官の頃から、自分の気に入らない官僚は排除してきました。広く知られているのは、総務省の事務次官候補だった平嶋彰英氏の左遷人事です。

ふるさと納税制度は菅氏が総務大臣だった時に導入したもので、菅氏は「これはとてもいい制度だ」と思っているようですが、住民税の納税額が多い高所得者ほど得をする逆進性があり、都市部の自治体の税収を激減させ地方財政をひどく歪めています。平嶋氏は自治税務局長だった時、菅官房長官にふるさと納税制度の問題点を指摘し、その拡大に反対したため、自治大学校長に左遷されたのです。自治大学校長は局長級のポストではありますが、要するに地方公務員の研修施設の長です。日本の地方税制について企画立案する局長に比べれば閑職であることは明らかです。局長として当然の進言をしたのに、それを理由に左遷される。これでは、菅氏にまっとうな意見を言う官僚はいなくなります。

かく言う私自身も、第二次安倍政権の下で文科省の事務次官に任命されたわけですが、私のケースは官邸から見れば明らかな失敗でした。人物のチェックが不十分だったわけです。私は事務次官に任命される前年、文部科学審議官というナンバー2のポストにいた時、安全保障関連法に反対する国会正門前のデモに参加したことがあります。一個人一国民として、この法案は憲法違反であり、許すことはできないと考えていたからです。

2015年9月18日の夜、この法案が参議院本会議で可決成立してしまう前夜のこと、文科省で仕事を終えた私は、歩いて国会正門前まで行き、シールズの若者たちが声を出している後ろの方で、一緒に声を出しました。「安倍は辞めろ」とか「9条守れ」とか「集団的自衛権は要らない」とか。彼らのラップのリズムには最初はなかなか乗れませんでしたが、一緒に声を出すうちにそのリズムもつかめました。あの日は夜でしたし、雨が降っていて私は傘をさしていましたので、文科省の事務次官に次ぐポストの人物が安保法制反対のデモに参加していたことが、内閣情報調査室や公安警察の知るところとはならなかったのでしょう。

明治産業遺産というお友だち案件

安倍官邸の覚えめでたかった文部官僚として、もう一人名前を挙げるなら木曽功氏です。彼は文部省入省年次で私の3年先輩にあたります。文部科学省で局長級の国際統括官を務めた後、ユネスコ大使のポストを手に入れました。帰国後、内閣官房参与として安倍政権に加わり、2016年8月の時点では、内閣官房参与と加計学園理事・千葉科学大学学長という2つの肩書きを持っていました。2016年8月26日に木曽氏は文科省の事務次官だった私を訪ねてきて、加計学園獣医学部新設を早く進めてほしいと要望したのです。天下り先のために出身官庁の後輩に圧力をかける。天下りの弊害というのはこういうことを言うのです。

木曽氏がなぜ安倍官邸の覚えがめでたくなったのかというと、それはユネスコ大使として「明治日本の産業革命遺産」の世界文化遺産登録に尽力したからです。明治産業遺産を世界遺産にしようという運動をリードしていた人物は加藤康子という人です。この人は加藤六月という昔の政治家の娘さんです。加藤六月という人は安倍前首相の父親の晋太郎氏の側近政治家でした。安倍家と加藤家は家族ぐるみの付き合いだったらしく、安倍晋三氏と加藤康子氏とは幼なじみなのだそうです。ちなみに加藤康子氏の妹さんのお連れ合いが加藤勝信官房長官です。加藤勝信氏は加藤六月氏の名前と地盤を継いだのです。『週刊新潮』に載った加藤康子氏のインタビューによると、安倍晋三氏は彼女に「君がやろうとしていることは『坂の上の雲』だな。これは、俺がやらせてあげる」と言ったそうです。

この明治産業遺産は、実は筋の悪い案件でした。松下村塾から八幡製鉄所までが構成資産に入っていました。関係自治体が次々に参入してきて、統一したコンセプトができていませんでした。明治産業遺産の中心とも言うべき富岡製糸場は、すでに単独で世界遺産になってしまっていました。保全措置が十分できていない資産が含まれていたのです。軍艦島は現在も毎日壊れ続けています。保全ができていないのです。ユネスコ世界文化遺産に推薦できるのは毎年1

件だけと決まっています。

日本政府からの推薦案件は、文化庁におかれる文化審議会の世界文化遺産特別委員会で選ばれます。ここには日本各地の自治体から推薦してほしいという案件が集まってきます。その中から条件の整ったものに優先順位を付けて選ぶ作業を、この特別委員会がしているわけです。当時の委員長は西村幸夫・日本イコモス国内委員会委員長でした。

問題が起きたのは2013年の推薦案件の選定です。文化審議会の世界文化遺産特別委員会は粛々と選定作業を行い、「長崎の教会群とキリスト教関連遺産」を推薦案件として選びました。この案件の関係者は、2015年の世界遺産登録を目指していました。2015年が「信徒発見」から150年の特別な年だったからです。信徒発見というのは、幕末に潜伏キリシタンが発見された出来事です。幕末の開国後、長崎の大浦天主堂を建設するために、フランスからベルナール・プティジャンという名前の神父が来日しました。天主堂ができたという話を聞いた潜伏キリシタンたちが大浦天主堂へやってきて「マリアさまはどこ」と言って、アリア像を見て本物の神父であることを確信し、自分たちがキリシタンであることを告白したという出来事です。カトリックの世界では大ニュースになりました。それが1865年のことです。2015年には信徒発見150年を祝うのと合わせて、ユネスコ世界文化遺産への登録も祝いたいという関係者の強い希望がありました。

ところが、そこへ割り込んできたのが明治産業遺産だったわけです。2012年、文化審議会がこの案件を先送りして長崎キリスト教遺産を選ぶ方向であることが分かると、内閣官房は驚くべき行動に出ました。文化審議会とは別の審査の場を作ってしまったのです。内閣官房の地域活性化統合事務局に「産業遺産の世界遺産登録推進室」という組織を作り、「稼働資産を含む産業遺産に関する有識者会議」という審査の場を設けました。この案件の中には八幡製鉄所や長崎造船所のように現在も稼働中の資産が含まれていましたが、それを理由にしたのです。稼働中の資産の保全のためには文化財保護法では対応できないから、文化庁で審査すべきではないという理由です。

この有識者会議が設置されたのは、民主党政権下の2012年7月です。安倍首相の案件だったのになぜ民主党政権下で設置されたのか。この動きの中心にいたのが、当時、地域活性化統合事務局長だった和泉洋人氏です。明治産業遺産は、当時は「九州・山口の近代化産業遺産群」と呼ばれていましたが、この案件の世界遺産登録を目指す自治体の首長たちが、「世界遺産登録推進協議会」という組織を作っていました。8県12市がメンバーで、会長は鹿児島県知事でした。地方の活性化を目指す立場の和泉氏としては、ぜひ実現したい案件だったのでしょう。

しかし、それだけではないと思います。これは想像ですが、和泉氏はこの案件を推進すれば安倍氏の歓心を買うことができると考えたのだと思います。この頃には民主党政権の支持率はかなり下がっており、次の総選挙の後は自民党・公明党が政権に返り咲くことが確実視されていました。自民党の総裁はまだ谷垣禎一氏でしたが、安倍氏も返り咲きを狙っていました。和泉という人は政界に極めて広い人脈を作っていて、菅氏ともかねてから近い関係でしたから、政局の二歩三歩先を読むこともできたのではないでしょうか。安倍氏から内々の要請を受けていた可能性も十分にあります。

しかし、この有識者会議は第1回会合の後、9か月間開かれず、第2次安倍政権になった後の2013年3月に第2回会合、8月に第3回会合が開かれました。和泉氏は第2次安倍政権でも重用され、新たに首相補佐官に任命されていました。この第3回会合で「明治日本の産業革命遺産」をユネスコへの推薦候補とすることを決定したのです。文化審議会の世界文化遺産特別委員会が、長崎キリスト教遺産を推薦案件とする決定をした数日後のことです。ユネスコへは1件しか推薦できないのに、推薦候補が2つ選ばれてしまいました。最後は政治判断ということで、菅官房長官の判断により明治産業遺産を推薦することが決まったわけです。

文化審議会委員人事への介入

東京大学教授・日本イコモス委員長の西村幸夫氏は両方の案件にかかわっていました。明治産業遺産の方では、関係自治体が作った世界遺産登録推進協議会の「専門家委員会」の委員長を務めていました。西村氏はおそらく、明治産業遺産よりも長崎キリスト教遺産を優先すべきだと考えていたのでしょう。それが真っ当な考え方です。そこでおそらく、和泉氏との関係がこじれたのではないかと思われます。西村氏は２０１２年３月以降、毎年引き続いて文化審議会の正委員に任命されていたのですが、２０１６年３月に文化庁がそれまでどおり西村氏を文化審議会委員に任命しようとしたところ、官邸の和泉補佐官から横やりが入ったのです。西村氏を委員に入れるなと言ってきたのです。文化庁はこの圧力に屈して、この年から西村氏を文化審議会委員から外しました。

明治産業遺産と徴用工問題

ユネスコの世界遺産は、ユネスコ世界遺産委員会で登録の可否が決められます。明治産業遺産が審査されたのは２０１５年６月から７月にかけて、ドイツのボンで開かれた世界遺産委員会でした。この会議には首相官邸から和泉補佐官のほかに、木曽功氏と加藤康子氏も出席しました。木曽氏は２０１４年４月から内閣官房参与でした。加藤氏は２０１５年７月に内閣参与に任命されましたが、これは世界遺産委員会に政府代表団として出席できるようにするためでしょう。

この世界遺産委員会では、韓国代表が明治産業遺産の登録に反対してもめました。軍艦島、三池炭鉱、長崎造船所、八幡製鉄所などの構成資産は、戦争中に朝鮮半島から徴用され、強制的に働かされた人たち（いわゆる徴用工）が働かされた現場だったからです。結局、議長国ドイツの斡旋もあり、日本に産業遺産の情報センターを作って、そこで徴用工の歴史も分かるようにするということで、折り合いがつきました。

この情報センターは2020年6月になってやっと開設されましたが、長崎でも福岡でもなく、なんと新宿に作られたのです。軍艦島へ行くなら、ついでに新宿に寄ってから行ってくれと言うのでしょうか。加藤氏がセンターの所長に収まりましたが、センターでは「軍艦島で朝鮮人差別は聞いたことがない」などという元島民の証言を展示したため、韓国政府から約束違反だと抗議されています。

要するに、明治日本の産業革命遺産というのは、安倍前首相がお友だちのために行政の筋を歪めて実現させたもので、国政の私物化の事例の一つだということです。そして、そこには木曽氏という官邸べったりの文部官僚も関与していたということです。さらに、その木曽氏はその働きを認められて、加計学園への天下りというご褒美もらい、加計学園の獣医学部新設のためにも働いたというわけです。

なんでも官邸団

菅官房長官と杉田副長官のコンビは、内閣が有する人事権をフル活用して、霞が関の官僚集団を支配してきました。次官や局長の在任期間は長くても2年程度ですから、安倍・菅政権8年の間に各省庁の幹部ポストは、4回以上は交代しているわけです。その都度、官邸の言いなりになる人物ばかりを登用してきましたから、いまや霞が関は何でも官邸の言うことを聞く官僚ばかりになっています。霞が関官僚集団は「なんでも官邸団」になったのです。「ご無理ごもっとも」「無理が通れば道理が引っ込む」という状態です。

人事による支配は、本来政権から一定の独立性を持っていたはずの機関にも及んでいます。2013年には、内閣法制局の長官人事で、次長からの内部登用という確立した慣例を破って、小松一郎という外交官を外部から長官に任命しました。そうすることによって2014年、内閣法制局が長年維持してきた「集団的自衛権は憲法九条のもとでは行使できない」という見解を覆す法制局見解をまとめさせ、その見解に基づく閣議決定により「解釈改憲」を行ったのです。あれ以来、内閣法制局はその独立性を完全に失いました。

黒川弘務東京高検検事長の定年延長への国家公務員法の適用にしても、日本学術会議の会員の任命を拒否した首相の任命権に関する法解釈にしても、今や内閣法制局は、政権の都合のいい法解釈を作り出すところになっています。官邸が求めるのであれば、「カラスは白い」という理屈すら平気ででっち上げる御用機関になり下がったのです。

黒川氏の定年延長問題では、人事院も官邸の支配下に入ったことを痛感させられました。松尾恵美子給与局長が「国家公務員法の定年延長の規定は検察官には適用されないという解釈は変わっていない」という答弁をいったんしたわけですが、その数日後に、今度は人事院総裁が国会に出てきて、「解釈を変更してあった」と答弁しました。この総裁は一宮なほみという裁判官出身の人ですが、人事院の独立性を自ら放棄し、官邸の望むとおりの答弁をしたのです。松尾局長は、なぜ以前の説明と違うのかと問われて、「つい言い間違えた」と答弁しました。国会の場でこんな見え見えの嘘までつかされる。実に気の毒に思いました。

文化功労者選考分科会委員人事と学術会議問題

官邸による人事を通じた支配は審議会委員の人事にも及びました。私自身が経験したのは、2016年度の文化功労者選考分科会の委員人事です。この分科会は文化審議会におかれる分科会の一つですが、もともとは文化功労者選考審査会という独立した審議会でした。便宜的に文化審議会の傘の下に置かれているだけで、現在でも独立性は高いのです。この分科会は、毎年9月に委員を発令して、2か月かけて文化勲章受章者と文化功労者を選んでもらいます。文部科学大臣の諮問機関ですが、天皇が授与する文化勲章は内閣全体にかかわるため、その委員の任命にあたっては閣議で了解をもらうことになっています。

2016年8月に文科事務次官だった私は、その委員予定者の名簿を持って官邸の杉田官房副長官のところへ行きました。私としては、形式的に手続きを踏むだけだという意識でした。文化功労者選考分科会の委員は、この日本の中に、文化や学術の分野で優れた功績を挙げた人としてどんな人がいるかを知っている、その道の「目利き」のような人たちです。彼ら自身が学者であり、文化人であるのが普通です。文科省で人選したものを官邸が覆すことはそれまでありませんでしたし、あるはずがないと思っていました。

ところが1週間ほどすると杉田氏から呼ばれ、行ってみると、委員予定者から2人を外せと言われたのです。一人は「安全保障関連法に反対する学者の会」のメンバーでした。もう一人は文化人でしたが、雑誌か何かで政権批判的な発言をしていました。政権批判をするものは審議会委員からも外すということなのです。この時、杉田氏からは「こういう人は文科省でチェックしてから持ってくるように」と注意を受けました。大臣の了解をもらっていた人事案でしたが、官邸が差し替えろというので、仕方なく差し替えました。

日本学術会議の会員候補者のうち6人の任命を菅首相が拒否したというニュースを聞いた時、私はこの文化功労者選考分科会の委員人事を思い出しました。きっと同じ考えでやったのだろうと思います。しかし、審議会と学術会議とは、政権からの独立性という点で全く違います。審議会委員の任命権は実質的に政府側にありますから、官邸が恣意的に介入しても、不当とは言えたとしても、違法とまでは言えないわけです。任命権が文科大臣にあっても、官房長官には総合調整権があるわけですから。しかし、学術会議の会員の人事は、実質的に学術会議自体にあります。選考し推薦する権限は学術会議にあり、首相はその推薦に基づいて任命する。この「基づいて」というのは強い拘束性を意味する法令用語です。原則として推薦どおりに任命しなければならないということです。

学問の自由に基づく自由な議論を保障するために、学術会議には高度の独立性と会員人事の自律性が与えられている。そのことが、菅氏にも杉田氏にも全く分かっていないのでしょう。

任命を拒否された6人はいずれも、安全保障関連法や共謀罪法など安倍政権の政策に批判的な言動があった人です。

菅総理は任命拒否の理由がそれだということは一言も言いません。その代わりに、理由にならない理由を次から次へと並べ立てています。どの説明もまともに聞く必要はありません。本当の理由じゃないのですから。政権の政策を批判するから不利益処分をするということは、とりもなおさず言論弾圧です。言論の自由の侵害であり、学問的見解の表現を妨げるという意味で、学問の自由の侵害でもあります。

どうも一般市民の間には、この問題は学者と政治家の間の問題だ、自分たちには関係ないといった雰囲気があるような気がします。私が呆然としたのは、２０２０年11月の毎日新聞の世論調査です。18歳から29歳までの若者たちのうち、学術会議の会員任命拒否が「問題とは思わない」が59％もいて、「問題だ」は17％しかいませんでした。この無関心、無自覚はかなり心配です。私はその原因は人権教育や憲法教育の不足にあるのではないかと思います。

日本で人権教育というと、どうしても「差別反対」や「生存権保障」という方に重きが置かれがちですが、平等権や社会権と同様に、自由権も大事です。自由の価値を学ぶための人権教育が決定的に不足しているのだと思います。しかし、自分には関係ないと思っていると、いずれ自分の自由が奪われる事態になる。それは１９３０年代のドイツや日本で起きたことです。学術会議問題については是枝裕和監督ら映画人の有志も声明を出しましたが、その中でナチスに弾圧された牧師マルティン・ニーメラーの言葉を引用しています。自分には関係ないと思って声を挙げずにいたら、ついに自分が攻撃された。その時には誰も声を挙げてくれなかった。そういうことが現代の日本でも起こりかねないと思います。

文化功労者選考分科会に話を戻すと、２０２０年の文化功労者の選考には政治の介入があったのではないかと強く疑われる事例がありました。ぐるなび会長の滝久雄氏が文化功労者になったのです。この人は菅首相の永年の後援者です。この人のどこに文化功労者にふさわしい功績があったのか、きわめて疑問です。パブリック・アートの普及やペア碁の普及に功績があったというのですが、そもそもペア碁って普及していません。文化功労者には終身、年額350万円の年金が支給されます。この年金にふさわしい人なのでしょうか。

滝氏を選考するため、選考分科会の委員人事の段階から菅首相の介入があったのではないかと、私は疑っています。この件は、菅首相による文化功労者制度の私物化だと思います。安倍前首相がもり・かけ・桜でやったのと同じような国政の私物化を、菅首相もやっているということです。

アベスガ政権からスガスガ政権へ

菅首相は安倍政治を継承すると言いましたが、官邸一強体制を続けようとする点ではそのとおりなのでしょう。人事を通じた国家機構の支配という手法はそのまま続けるでしょう。もともと安倍政権で菅官房長官がやっていたことを、菅首相がそのまま続けるということです。

「安倍首相には菅官房長官がいたが、菅首相には菅官房長官がいない」ということが言われます。つまり、菅首相には政権基盤を支える腹心となる存在がいないということです。実際、安倍政権は「アベスガ政権」だったと言ってよいと思います。菅官房長官がいなかったら、もっと早く安倍政権はコケていたでしょう。

菅政権の官房長官は加藤勝信氏ですが、加藤氏は菅氏が官房長官だった時の副長官でした。

副長官は3人いて、一人は官僚出身の杉田氏、残りの二人は衆議院議員と参議院議員から一人ずつ任命されます。加藤氏は衆議院議員の副長官だったわけです。記者会見での答弁は、おそらく菅氏より加藤氏の方がうまい、上手です。「うまい」というのは、尻尾をつかまれないようにごまかすのがうまいという意味です。なんせ、法政大学の上西充子教授から「ごはん論法」という言葉をもらった張本人ですから。

しかし、官僚の操縦という意味では、いまだに菅氏が事実上の官房長官をやっているのだと思います。つまり、首相も菅氏、官房長官も菅氏という「スガスガ政権」なんだと思います。全然すがすがしくありませんが。

アベスガ政権からスガスガ政権に変わったことで、まず目に見える変化が起きたのは、官邸官僚の顔ぶれです。アベスガ官邸においては、さっきお話したように、経産省出身の安倍側近官邸官僚が闊歩し、暗躍していました。菅政権になってこれらの安倍側近官邸官僚たちは一掃されました。もともと菅氏とはあまり仲が良くなかったわけです。代わって、菅側近官邸官僚の官邸内での権力が飛躍的に拡大したと言えます。

その中心は警察官僚です。杉田官房副長官、北村滋国家安全保障局長、瀧澤裕昭内閣情報官などです。杉田氏も北村氏も公安警察の出身で、日本のＣＩＡ長官と言われる内閣情報官の経験者です。警察権力で人々の自由や権利を押さえつける警察国家に、菅政権が近づいていくのではないかと思われます。

もう一人、菅政権で権力を拡大した官邸官僚が、すでに何度も話した和泉洋人首相補佐官です。海外出張をした時、女性官僚の部下の部屋とつながるコネクティングルームを手配するよう外務省に指示したと言われている人です。

官邸と各省庁との関係は変わると思います。経産省出身の安倍側近官邸官僚がいなくなったことにより、官邸が政策を作り、各省に下請けに出すというパターンが少なくなるのではないかと思います。その代わり、各省庁の事務次官や長官といったトップのポストに菅首相の側近官僚が任命されるケースが増えるのではないかと思います。首相と次官や長官との間にホットラインができるパターンです。


例えば、財務省の次期事務次官は矢野康治主計局長だろうと言われていますが、彼は菅官房長官の秘書官でした。警察庁の次期長官は、中村格次長の昇格が確実視されています。中村氏も菅官房長官の秘書官でした。ちなみに、中村格という警察官僚は、警視庁刑事部長だった時、伊藤詩織さんに性的暴行を加えた容疑で逮捕寸前だった山口敬之さん―本当は「さん」は付けたくないんですが、逮捕も起訴もされなかったので、しょうがないから「さん」をつけます―この山口さんを逮捕するなと命じた人です。山口さんは安倍首相夫妻とお友だちで、安倍首相を礼賛する本を2冊書いた人でした。権力者のお友だちなら性犯罪も揉み消してもらえるのだとすれば、この国はもう法治国家とは言えません。

安倍政権も菅政権も、場当たり的で思いつきの政策を繰り出すという点では共通していると思いますが、違うのはその政策を思いつく人です。安倍政権では間違いなく今井首席秘書官をはじめとする安倍側近官邸官僚でした。菅首相の場合は、どうも菅氏本人が思いついている。思いついて、思い込んで、思い入れている。安倍さんは自分で思いついていないから、思い入れもなかった。思い入れがなかったから、旗色が悪ければすぐ変更するし、実現しなかったとしてもあまり気にしません。

「新三本の矢」を覚えている人がどれだけいるでしょうか。その中に「希望出生率1・8の実現」というのがありました。しかし、その後出生率は毎年下がり続け、昨年はついに1・36にまで落ち込みました。1・8なんて数字、はじめから実現する気がなかったんじゃないかと思います。

しかるに、菅首相の場合は、自分で考えた分始末が悪い。良い政策だと思い込んでいるから、容易に変更しない。どこまでも固執する。「ブレない政治」を売り物にしているようですが、悪い意味でブレない。

つまり、間違いを認めない。反省しない。ふるさと納税制度もそうですし、日本学術会議問題もそうですし、GOTOトラベルキャンペーンもそうです。菅首相はGOTOキャンペーンをなかなか停止しようとしませんでしたが、新型コロナの第三波の拡大は、どう考えてもGOTOキャンペーンが助長したことは間違いないでしょう。

国政の私物化という点では安倍政治を継承するでしょうが、安倍氏の私物化が自分と自分の友だちへの利益誘導という側面が強かったのに対し、菅氏の場合は国家機構全体を権力的支配によって我が物にしようとしているように見えます。いわば、安倍氏が「個別的私物化」をしたのに対し、菅氏は「全体的私物化」に向かっているると言えるのではないでしょうか。

国家主義と新自由主義

1980年代の中曽根康弘政権あたりから、日本の政治は国家主義と新自由主義に支配され続けてきました。国家主義も新自由主義も、一人ひとりの人間を大切にしないという点では共通です。国家主義は人間を国家の部品のように考える。新自由主義は人間を経済の道具のように考える。権力で人々を押さえつける国家主義と各人の自由な経済活動と競争を促す新自由主義とでは、一見正反対のように見えますが、実は深いところでつながっています。

国家主義は権力と富の集中と結合が生み出すものです。そこでの国家とは、自由で平等な市民が議論しながら合意形成しながら作りあげていくものではなく、権力と富の結合体のことです。そのような国家は富の集中をさらに加速させようとします。そのためには強い者がますます強くなり、弱い者がますます弱くなる弱肉強食の競争社会を良い社会ととらえ、公共性の高い分野にまで市場原理を持ち込もうとする新自由主義が最も適しているのです。

新自由主義が想定する人間観は、人間とは自分の損得で動く存在だというものです。自分の得になることしかしない、自分の損になることはしないのが人間なのだとすると、公共的分野を人々が自分たちで作ることができなくなります。社会や国家を形成する市民が育つ余地がないのです。法も秩序も自分たちで作ることができなくなります。

しかし、人間社会には秩序が必要です。人々が自分たちで秩序を作り出せないのなら、国家が人々に上から秩序を課すしかなくなります。新自由主義は必然的に強い国家権力を必要とするのです。公共という言葉は国家が独占することになります。

安倍政権では、新自由主義よりも国家主義の方が色濃く出ていたと思います。教育勅語を学校で使用することを認めたり、自己抑制と自己犠牲、全体に奉仕することや日本人の誇りといったものに価値を置く道徳教育を教科化したり、歴史修正主義的な教科書を検定で通し、各教育委員会に採択させる教育への政治の介入を拡大したり。こういった安倍政権の教育政策は、国家主義丸出しだったと言えるでしょう。

一方、菅政権では国家主義よりも新自由主義が色濃く出てくる気配がします。小泉政権で重用された竹中平蔵氏が菅ブレーンとして再び活気づいています。菅首相がご意見番としているらしいデービッド・アトキンソンという人は、中小企業は生産性が低いから半分くらいに減らせと言っているそうです。貨幣で計れる市場価値だけで評価すると、貨幣価値に還元できない社会的な価値を見失うことになるでしょう。

憲法を裏から崩壊させる菅首相

日本国憲法を軽視するという点では、安倍氏も菅氏も共通だと思いますが、憲法に対する姿勢には違いがあるように思います。安倍氏は日本国憲法を毛嫌いし、憲法改正を正面から行おうと試みました。閣議決定で集団的自衛権を認めるなどという「解釈改憲」もしましたが、それも国民の目に見えるところでやりました。そのようにして違憲立法である安全保障関連法を成立させました。

このように憲法を正面から歪めた安倍氏に対して、菅首相の場合は日本国憲法を無視し、憲法を裏側から崩壊させていくのではないかと危惧します。日本学術会議の会員任命拒否にもそれが表れているように思います。あれだけのことをしておいて、彼は学問の自由を侵害していないと言い、憲法15条に基づいて任命権を行使したのだと主張しているのです。憲法を守ると言って憲法を壊している。知らないうちに憲法が骨抜きにされてしまう危険があります。

安倍氏が何を求めて政治をやっているのかと考えると、おじいさんに当たる岸信介氏が実現できなかった憲法改正を孫の自分が成し遂げるという、「名誉」をほしがっているように見えます。後は、自分のお友だちに権力の甘い汁を吸わせてやることでしょうか。

それに対して、菅氏が何を求めて政治をやっているのかと考えると、ひとえに自分の「権力」

を拡大することだけが目的化しているように見えます。家庭の中で父親という権力に反抗して上京した菅氏には、権力を獲得し、拡大することで父親を見返すということが生涯の目標になったのではないでしょうか。安倍氏を「ミニ・トランプ」、菅氏を「ミニ・プーチン」と評した人がいましたが、なかなか言い得て妙だと思います。

日本の国を丸ごと私物化する危険性を持った菅首相は、本当に危険だと思います。ミニ・プーチンがプーチンになる前に、権力の座から引きずり下ろす必要があります。2021年はそういう意味で勝負の年になるのではないでしょうか。

第4章

「桜を見る会」問題の追及の取り組み

「桜を見る会」を追及する法律家の会事務局長

小野寺 義象

「桜を見る会・前夜祭」問題

①「桜を見る会」問題

「桜を見る会」は、毎年4月に新宿御苑で行われる内閣総理大臣主催の公的行事で、「各界において功績、功労のあった方々を招き、日頃の労苦を慰労する」ことを目的に1952年から開催されていました。参加者は1万人前後（2010年は約8400人）、予算額は1766万6000円で推移していました。

ところが、第2次安倍内閣発足後、状況は一変します。参加者・経費は年々増加し続け、2019年には参加者は約1万8000人（約2倍）、支出は予算の3倍以上の約5500万円に膨れ上がりました。これらの経費は税金から拠出され、しかも、「茶菓」（酒食）も振るまわれます。

招待者の増加の原因は、「総理大臣等」枠の急増で、2019年の招待者数1万5420人（実際の参加者はこれを上回る）のうち、「総理大臣等」枠の招待者は8894人と半数以上（小泉純一郎内閣時の3倍以上）になっていました。

増加の原因は、安倍首相の地元後援会員の激増でした。後援会員というだけでは「各界において功績、功労のあった方々」とは言えないにもかかわらず、総理大臣枠の約1割に相当する800人から850人もの後援会員が招待されています。安倍事務所が「桜を見る会」への参加を後援会員に無差別に呼びかけ、応募してきた後援会員やその家族、知人らがほぼ全員招待されていたのです。

しかも、招待された安倍後援会の人たちは、会場の新宿御苑の開門時間が午前8時半であるにもかかわらず、開門前に入場し、安倍首相夫妻と記念撮影を行っていました。安倍首相は「皆さんと共に政権を奪還してから、7回目の桜を見る会となりました」という挨拶までしています。参加した後援会員は「午前6時半、集合場所のホテル前に着いた。……15台のバスに分乗して、新宿御苑に到着……。写真撮影の準備が始まり、安倍総理の到着を待った」、「最初のテントでタケノコ弁当を、次のテントではチマキを、さらに次のテントでは升酒をお願いした。まさに食べ歩き、飲み歩きである」と感想を述べています（しんぶん赤旗日曜版2019年10月29日号）。これに加え、首相夫人の「昭恵枠」もあり、7年間で累計143名が招待されたと言われています。

さらに問題は、「桜を見る会」には大規模消費者被害を発生させた業者の代表まで招待されていたことです。2015年にはマルチ商法「ジャパンライフ」の山口隆祥会長、2016年には仮想通貨（クローバーコイン）の「48《よつば》ホールディングス」の淡路明人社長が招待され参加し、政府の公式行事を利用して消費者被害を拡大させました。

これが、安倍政権の「桜を見る会」の実態で、安倍首相が本来の目的・予算の制約を無視して、自らの私利私欲のために公的行事と税金を利用したことが露骨に示されています。安倍政権の下では、すでに森友学園や加計学園の政治の私物化問題が発生していましたが、「桜を見る会」問題は安倍首相の政治の私物化を象徴する事件となりました。

②「前夜祭」の問題

安倍晋三後援会（安倍後援会）にとって「桜を見る会」は、後援会の一大イベントですが、これとセットで行われたのが、その前日に行われる東京都内観光ツアーと夕食前夜祭（以下、前夜祭）でした。前夜祭は、安倍後援会が主催し、都内の高級ホテル（ANAインターコンチネンタルホテル東京またはホテルニューオータニ東京）で開催され、約800人の後援会員やその知人が参加していました。

「桜を見る会」では「政治の私物化」が問題になりましたが、前夜祭では安倍首相の「政治とカネ」が問題となりました。

前夜祭の会費は5000円です。しかし、ホテルニューオータニの説明では、パーティープランの最低価格は1人1万1000円で、6000円の差額が生じます。この差額を後援会が負担した場合、選挙区有権者に対する寄附行為となり、公職選挙法違反が問われます。この正規料金との差額6000円×800名＝総額480万円もの金額は誰が負担したのか、そもそも前夜祭の収支はどうなっているのか、という疑問が生じたのです。

この疑問は、後援会が年度ごとに山口県選挙管理委員会に提出する収支報告書の記載を見れば解明できます。ところが、後援会は、後援会の収支報告書に、前夜祭の収支を記載していませんでした。前夜祭を開催した2013年から2018年まで（注：この当時2019年度の収支報告の提出期限が到来していない）の6年間、全く記載がなかったのです。通常あり得ない会計処理がなされていたことになります。

疑問が疑惑に発展するのは当然であり、安倍首相にはこの疑惑に誠実に答える責任があり、ホテルと後援会間で取り交わされた前夜祭の契約書、明細書、請求書、領収書などの記載を見れば疑惑は解明できます。

ところが、安倍首相は書面の提出を頑なに拒否し続けました。前夜祭疑惑は、安倍首相の政治資金規正法・公職選挙法違反という犯罪の嫌疑に発展していったのです。

「桜を見る会」を追及する法律家の会の結成

「桜を見る会・前夜祭」問題について、国会では立憲野党が共同して「総理主催『桜を見る会』追及本部」を設置し、質疑や野党合同ヒアリングで真相究明と責任追及を始めました。このような共同の取り組みは画期的なものでした。政治の場での追及は主として安倍首相の政治的道義的責任についてなされました。しかし、この問題はそれにとどまらず、安倍首相の法的責任、具体的には、公職選挙法や政治資金規正法に違反する刑事責任を追及すべきだという声が国民の間で広がり始め、法律家（弁護士・法学者）の取り組みも始まりました。

1月20日に通常国会が開会されましたが、安倍首相は施政方針演説で「桜を見る会」には一切触れず、自民党の二階俊博幹事長も「桜は散ってしまった」と述べて、露骨な幕引きが図られました。

開会後の国会では野党が「桜を見る会」の追及を強め、その過程において、1月23日と2月6日の野党合同ヒアリングに弁護士が招かれて、安倍首相の法的責任の有無、政治資金規正法・公職選挙法の法解釈に関する質疑が行われました。安倍首相は事実を語っているのではなく、犯罪構成要件に該当しないように事実を作り出しているに過ぎないと、出席した弁護士は批判しました。これを機に法律家と野党との連携ができました。また、それぞれの場で取り組んでいた法律家同士の連携も生まれ、全国の弁護士・法学者を結集しようとの機運が高まりました。

このような動きの中で、2月13日、１００人近い弁護士・法学者の呼びかけによって、『桜を見る会』を追及する法律家の会」が結成されました。会結成の趣旨では、「桜を見る会・前夜祭」問題が、政治的・道義的問題であるとともに、公職選挙法や政治資金規正法、公文書管理法等々の法律に抵触する違法な行為として法的責任も問われるべき問題であることを明確に指摘しました。そのうえで、法の支配の下に生きる法律家としては、一国の総理の違法行為疑惑を目の前にしながら、ただ座して見ているわけにはいかないとして、法律家が率先して真相究明と法的責任を追及することを宣明しました。

通常国会での攻防

安倍首相や与党の思惑に反して、「桜を見る会・前夜祭」は通常国会で大問題に発展していきました。

内閣府が廃棄済みと説明していた「桜を見る会」の資料の一部が発見されたことにより、他の文書も存在する可能性が生じましたが、安倍首相は再調査を拒否し、招待者名簿の電子データ廃棄記録（ログ）の野党からの調査と開示要求に対しても、「不正侵入を助長するおそれ」を口実に開示には応じませんでした。

その一方で、「桜を見る会」の私物化問題については、安倍首相は従来からの「長年の慣行」「招待者の基準は曖昧」「名簿は破棄」「個人情報」という無内容な弁明を繰り返しました。また、前夜祭の不明朗な収支については、「後援会に明細書や領収書はない」、「ホテルには営業の秘密があるので書類の提出を求めることはできない」という非常識な弁明を繰り返しました。

前夜祭の収支報告不記載については、参加者の会費はそのままホテルに渡したのだから後援会には収支がないので報告する必要はないという主張を繰り返していました。前夜祭に関する物品役務提供契約（サービス契約）の契約主体は後援会とホテルであり、費用の支払いは債務者の後援会がホテルに債務を弁済したことになるので、収支報告書に記載する必要があると、弁護士が野党合同ヒアリングで解説しました。すると、ホテルとの契約主体は後援会ではなく800人の参加者個人だという荒唐無稽な答弁まで、安倍首相は行ったのです。

文書保存期間は課長に、開門前の入場は旅行会社に、会費の金額設定や明細書の不提出はホテルに責任があると他人に責任を転嫁する答弁を、安倍首相は責任追及に対する弁明の中で繰り返してきましたが、前夜祭の参加者個人が契約主体という答弁は、自分の後援会員にまで責任を転嫁するもので、政治家としての見識すら疑わせるものでした。

その後の国会での展開は、追及を強める野党に対して、安倍首相は同じ答弁を繰り返したり、論点をずらして長々と話をしたりして質問時間つぶしを行い、「広く募ったが募集はしていない」、「合意したが契約はしていない」など支離滅裂な答弁をするようになり、さらには、質問者への攻撃までするようになりました。2月12日には、辻元清美衆議院議員に「意味のない質問だ」と議員を侮辱するヤジまで行い、同月18日に国会で陳謝することになりました。

このようなかで、安倍首相の弁明に関して、ANAホテルが明細書を発行しないことはないと否定し、地元後援会員からも自分がホテルと契約した覚えはないとの声が上がり、政府関係者も「総理大臣等」枠の招待者のチェックは事実上なされていなかったと言い出すなど、安倍首相の答弁の虚偽性が明らかになり、2月15、16日の共同通信の世論調査では、84・5％が安倍首相は十分説明していないと回答し、内閣支持率も8・3ポイント急落して41・0％となり、不支持率46・1％と逆転しました。

真相究明・責任追及が達成されないなか、3月になると、新型コロナ問題が深刻になり、国会での論戦やマスコミ報道もそれにシフトし、「桜を見る会・前夜祭」問題は急激に減少していきましたが、「ウソとごまかし」の答弁を繰り返しながら内閣総理大臣の地位にとどまっている安倍首相の姿勢は許せるものではありませんでした。

法律家の会は、新型コロナ渦のなかで、刑事告発に踏み切る方針を固め、「桜を見る会・前夜祭」問題の中から確実に「犯罪」を構成できる事実を抽出し、可能な証拠も収集しながら、告発状の起案作業を行いました。

第1次告発

4月中旬に告発状（第1次告発）が完成しました。告発した被疑事実は、確実な証拠が揃っている「2018年の前夜祭」に関する政治資金規正法違反（収支報告書不記載）と公職選挙法違反（後援団体による寄附）の2点に絞りました。最新の2019年度の収支報告書は、4月時点では選挙管理委員会に提出されていないので、2018年度を告発対象にしたのです。

①政治資金規正法違反の犯罪（収支報告書不記載）

安倍後援会は、「前夜祭」というパーティーの主催者であり、ホテルニューオータニとの間で、パーティーを内容とするサービス契約を締結した者です。したがって、ホテルに対するパーティー料金の支払義務を負うのは後援会ですから、料金を支払ったのは後援会であり、これは後援会の「支出」に該当します。また、参加者から徴収した1人5000円の参加費の合計額も後援会の「収入」に該当します。

後援会の収支報告書に、前夜祭に関する収入及び支出を記載しなかったことは政治資金規正法12条1項2項に違反し、25条1項2号の犯罪（5年以下の禁錮または100万円以下の罰金）に該当します。この犯罪主体は「会計責任者」ですが、安倍首相には共同正犯（刑法60条）が成立します。

これに対して、安倍首相は、前夜祭の参加者が各自5000円の参加費を支払っているから、ホテルとの関係で契約主体は個々の参加者であり、後援会ではないと反論しています。

しかし、パーティーについては、飲食店・予約した者との間のパーティーを内容とするサービス契約であるとの裁判例（東京地裁平成14年3月25日判決）があり、法律家の会が入手したホテルニューオータニの同種契約でも、ホテルがパーティーの主催者との間で、契約書や見積書を取り交わしていました。

そして、ＡＮＡインターコンチネンタルホテル（過去3回前夜祭の会場）の広報担当者が辻元清美議員の質問に対して、①契約の相手はパーティーの主催者であり、料金は主催者から一括していただく。パーティーの個々の参加者から料金をいただくことはない、②ホテルが主催者に対して見積書や請求明細書を発行しないことはない、③ホテルが宛先空欄の手書きの領収書を発行することは絶対にない、と回答し、主催者が政治家関連の団体であっても対応を変えたことはない、と断言していました。

したがって、契約主体は安倍後援会であり、個々の参加者ではないことが明らかであり、安倍首相の反論は認められないことになります。

②公職選挙法違反の犯罪（後援団体による寄附）

選挙が選挙人の自由に表明された意思によって公正適正に行われることを確保するため、後援会に対し、選挙区内にある者に対して寄附をすることを、公職選挙法は禁止しており（同法199条の5第1項）、違反には罰則（50万円以下の罰金）を設けています（249条の5第1項）。

前夜祭が行われたホテルニューオータニにおけるパーティーでの1人当たりの単価は最低でも1万1000円とされていますが、安倍後援会は参加者から5000円の参加費しか徴収せず、少なくとも1人6000円相当の酒食を無償で提供して、後援会員ら選挙区内にある者に寄附をしていたことになります。この犯罪主体は「後援会の役職員（代表者）」ですが、後援会と政党支部は一体となって活動しており、後援会の実質的な代表は安倍首相であり、後援会代表者や会計責任者は安倍首相の部下であることから、安倍首相には共同正犯（刑法60条）が成立します。

告発状の作成と並行して、法律家の会では、どのように告発するかも検討しました。検察を動かすために、告発人は法律専門家（弁護士・法学者）に限定し、1000人規模の告発人を集めることに決め、4月下旬から全国の弁護士・法学者に参加を呼びかけました。

告発の時期については、当初は告発人が1000人になった時点を考えていました。しかし、安倍政権は、この間、検察支配を強めるため、検察庁法の「解釈変更」による違法な閣議決定によって黒川弘務東京高検検事長の定年延長を行い、さらに、政権の意のままに検察幹部の役職や定年を延長できるようにする検察庁法改正法案を国会に提出し、採決が強行されかねない緊迫した状況にありました。コロナ禍の中のこの暴挙に国民の怒りは爆発し、これに抗議する約900万のツイートが発せられ、予断を許さない危険な国会情勢でした。

この状況を踏まえて、法律家の会は5月14日の会議で、この時点で500通を超えて集まっていた告発状を1週間後の5月21日に東京地検特捜部に提出することを決めました。

その後事態は急転し、翌15日に元検事総長ら検察ＯＢが法案に反対する意見書を提出するなど、法案反対の世論がいっそう高まるなかで、18日、政府は今国会での法案成立を見送ると発表しました。そして、20日に『週刊文春』が黒川検事長の「賭けマージャン」をスクープしたことにより、告発状提出当日の21日、黒川検事長は辞職を表明しました。

寄せられる告発状はこの間も増え続け、5月21日、662人の法律家が安倍首相らを刑事告発しました。

告発にあたり法律家の会は、東京地方検察庁に対して、「本件の重大性を真摯に受け止め、政権に忖度することなく、厳正公平・不偏不党の立場を貫き、法の正当な適用（検察庁法4条）および刑罰法令の適正かつ迅速な適用実現（刑事訴訟法1条）を行うために、強制捜査も含む徹底した捜査を行い、『桜を見る会・前夜祭』事件の真相究明と刑事責任の追及を迅速に行うことを強く求めます」という声明を発表しました。

安倍首相の退陣

5月21日の告発後、検察に捜査状況について何度か問い合わせしましたが、回答はありませんでした。告発を受理したか否か、担当検察官が誰かすら教えません。

このような検察に厳正な捜査を行わせる必要があります。

6月22日、「桜を見る会」を追及する県民の会・宮城が検事総長宛てに、徹底捜査と刑事責任追及を求める署名5571筆を提出しました。同会は1月の発足から署名運動を行ってきました。この署名には宮城県外からも賛同が寄せられ、特に長野県の「『桜』私物化！　怒り満開　市民の会」からは、「この署名をしない人はいない」という報告とともに2000筆を超える署名が届いていました。6月22日後も、提出先を東京地検とする新署名運動を行い、文字どおり全国各地から署名が届き、「桜を見る会・前夜祭」問題に対する国民の批判の強さを実感しました。

さらに、8月6日には、法律家279人が追加告発を行いました。この追加告発によって、告発人総数は941人に達し、47都道府県全てに告発人がいる態勢を整えました。

このような状態のなかで、8月28日、安倍首相は、持病悪化を理由として、総理大臣を辞任することを発表しました。体調が悪いとの報道はありましたが、総理辞任までは予想していませんでした。

安倍首相（以下、安倍前首相）は、総理辞任記者会見で、「桜を見る会」などについて、「私は政権を私物化したというつもりは全くありませんし、私物化もしておりません。まさに、国家国民のために全力を尽くしてきたつもりでございます」と平然と答え、政治家としての最低限のモラルもないことが改めて浮き彫りになりました。

法律家の会は、この発言を批判するとともに、政治の私物化はこれを容認し続けてきた与党自民党の問題でもあることを指摘しました。

菅政権下での取り組みと安倍再登場の動き

自民党総裁選では、安倍政権の幹事長だった菅義偉氏が当選し、9月16日に菅政権が発足しました。菅首相は就任当日、自分の任期中は「桜を見る会」は中止する、再調査をする考えはないと表明して、早々と幕引きを図りました。

このような安倍政権退陣と合わせて「桜を見る会」問題を終わらせようとする動きに抗して、法律家の会は10月30日に、市民集会「国政私物化をやめさせよう！　森友・加計・『桜』の徹底追及を」を開催しました。この集会はＺＯＯＭで配信され、森友学園・加計学園・「桜を見る会」から政治の私物化を告発する発言がなされ、「桜を見る会」では、ジャパンライフ問題を取り上げ、さらに、「私物化」と一体の「独裁化」として、菅首相が行った日本学術会議会員の任命拒否問題も取り上げました。

10月30日には、県民の会・宮城も、東京地検に対して、徹底捜査と刑事責任追及を求める８７４７筆の署名を提出しました。

その一方で、安倍前首相は9月19日に靖国神社に参拝したことを皮切りに活動を再開し、自民党派閥のパーティーへの参加、自民党要職との会食、議員連盟会長への就任など活発な活動を展開し、「安倍再登場」を求める声も自民党内で発生しました。

これら菅政権の幕引き、安倍前首相の再起の思惑を打ち砕き、安倍政治復活に致命的な打撃を与える出来事が発生しました。11月23日の読売新聞朝刊から始まる東京地検特捜部の「桜を見る会・前夜祭」捜査報道です。5月21日の告発からすでに6か月が経過していました。

捜査報道

読売のスクープか読売へのリークかは不明ですが、11月23日の読売新聞1面は「安倍前首相秘書ら聴取　東京地検『桜』前夜祭会費補填巡り」という見出しで、東京地検特捜部が安倍前首相の公設第一秘書や私設秘書のほか、地元支援者ら少なくとも20人以上から、任意での聴取を実施していることを報じました。これを機に連日、マスコミが「桜を見る会・前夜祭」の捜査内容を報道しました。

報道された内容は、ホテル発行の明細書があること、「安倍氏側」が会費と費用の差額を補填していたこと、補填の事実を「安倍氏側」も認めたこと、補填額は毎年100万円以上、多い年で約250万円、5年合計で約800万円（900万円との報道も）というもので、想定より補填金額が少ないとはいえ、法律家の会の告発内容の正しさを裏づけるものでした。5000円はホテル側が設定した価格だ、契約主体は参加者だ、後援会の収支は一切ない、明細書はない、という安倍前首相の国会での答弁が全く虚偽だったことが明らかになったのです。

そのうえ、法律家の会が想定していなかった重大な事実が報道により判明しました。毎年の補填金の領収書の宛名が、後援会ではなく、安倍前首相が代表の資金管理団体「晋和会」だったことです。しかも、晋和会は補填金を支出したことを収支報告書に記載しておらず、晋和会も政治資金規正法違反の犯罪を行っていたことになります。そして、この補填金額(5年分で約800万円~900万円)をどこから捻出してきたのかが、新たな疑惑として浮上しました。

さらに報道は、収支不記載に関して、「安倍氏側」が2013年の前夜祭の前に収支の記載方法を総務省に問い合わせしており、総務省は「政治団体から支出があれば収支報告書に記載する必要がある」と回答し、2013年5月13日にANAインターコンチネンタルホテルが晋和会宛てに御利用代82万9394円の領収書を発行し、晋和会の13年度の収支報告書にはこの補填額が「会合費」として記載されていたことを報じました。この報道から、「安倍氏側」は補填金額を収支報告に記載しなければならないことを認識していたことになります。

ところが、翌14年から「安倍氏側」は補填額を収支報告書に記載しなくなります。14年には、小渕優子経済産業相の後援会がバスで東京の観劇ツアーを毎年開催していた際に、参加費と費用の差額を補填し、これを隠蔽するために収支報告書に虚偽記載をしていたことが政治資金規正法違反事件となりました。「安倍氏側」は、小渕事件と同じ構図の前夜祭費用補填を隠蔽するために、収支報告書への記載自体をやめたと考えられます。

検察の捜査によって、前夜祭をめぐる「政治とカネ」の問題の悪質さや疑惑の根深さが次々に明らかになっていきました。

そして、退陣後も存在感を示していた安倍前首相の威光は陰り、政治的影響力はかすみ、菅首相周辺は「安倍氏と首相が一体とのイメージが広がりつつある」と不安を隠さず、閣僚経験者は「数年は表舞台に立てない」と突き放し、地元後援会員からも「失望した」「長州の恥だ」という批判が起こりました。

これに対し、安倍前首相は、補塡の事実を秘書から教えられたのは11月23日（読売新聞が報じた日）でそれまでは知らなかったと弁明して、相変わらず、責任を他人（秘書）に転嫁する対応を変えることはありませんでした。晋和会宛の領収書も全部破棄されていると報道されました。

法律家の会はこれらの急激な動きを踏まえて、12月1日に、東京地検に真相究明と刑事責任追及を徹底することを要請するとともに、告発をとりまとめた者の責任として、声明を発表しました。

声明では、国民の力が検察を動かしたこと、告発内容の正しさが裏付けられたこと、想定以上に犯罪内容が悪質であり情状も悪いことを指摘しました。そして、安倍前首相に対しては、刑事責任を認めて、国会で真相を語り、国会議員を辞職し、政界から引退することを求めました。それとともに、自らの犯罪に関わる事項について、虚偽答弁を繰り返して国民を愚弄した政治家に政治を語る資格はないと厳しく批判しました。

さらに、菅政権・自民党に対しても、前首相・前総裁が犯罪に関与しながら国会で虚偽答弁を繰り返してきた事態の深刻さを自覚すべきであり、一連の政治の私物化問題の徹底解明を行うことを求めました。菅首相に対しては、安倍政権の官房長官として政治私物化に関与してきたのであり、このような対応を根本的に改め、自らの関与を明らかにし、責任をとることを強く求めました。

検察による幕引きの動きと第2次告発

検察の捜査によって「前夜祭」事件は一層徹底した捜査と刑事責任追及が必要になったはずですが、12月に入ると、東京地検特捜部が政治資金規正法違反（収支報告不記載）で安倍後援会代表で公設第一秘書の配川博之氏だけを略式起訴し、安倍前首相については事情聴取した後に不起訴処分にする方針であるという報道が流れ始めました。

法律家の会は対応を協議し、事件の重大性・悪質性を踏まえれば、政治資金規正法違反（収支報告不記載）だけでなく公職選挙法違反（寄附）の立件も行うべきこと、略式起訴は不当であり正式起訴を行うべきこと、秘書だけの処罰ではなく安倍前首相も処罰すべきであることの3

点を確認し、12月8日に東京地検特捜部に対して、再要請書を提出しました。

さらに、略式命令請求がなされた場合に備えて、その足で東京簡易裁判所に向かい、簡裁裁判官に対して「検察官から略式命令が請求された場合、刑事訴訟法第463条1項の規定に基づき、通常の規定に従って、審判をしていただきたい」という要請を行いました。

刑事訴訟法第463条1項は、略式命令の請求があった場合でも「これをすることが相当でないものであると思料するときは、通常の規定に従い、審判をしなければならない」と規定しており、2017年7月には、電通の過労自死事件で検察が労働基準法違反で電通を略式起訴したのに対し、東京簡裁がこの規定を適用して正式な裁判にした先例がありました。前夜祭事件でも同様に、事件の重大性に鑑みて、通常の公判を開くべきだと裁判官にも働きかけました。

このような取り組みをしながら、法律家の会は、12月18日に第2次刑事告発を行うことを決め、告発状の作成を始めました。5月に申し立てた第1次告発は、2018年の前夜祭の政治資金規正法違反（収支報告不記載）と公職選挙法違反（寄附）を問題とするものでしたが、検察の捜査は18年に限定せずになされており、また、この間の報道から後援会だけでなく、安倍前首相自身が代表者である晋和会の問題も浮上していました。

そして、近く予想される検察の処分では安倍前首相が不起訴となる可能性が高く、不起訴を不当として検察審査会に審査請求するためには、審査請求の対象事件を刑事告発している必要があるため、急遽告発対象を広げる必要があったからです。

第2次告発状の作成は休日返上で行われ、週明けの12月21日、東京地検に提出しました。

告発内容は、時効完成前の全ての前夜祭に関する犯罪、具体的には、２０１５年から２０１９年までに開催された全ての前夜祭に関する政治資金規正法違反（収支報告不記載：法12条1項1号ホ2号・25条1項2号）と公職選挙法違反（後援団体の寄附：法１９９条の5第1項・２４９条の5第1項）、そして、晋和会関係では、同じ期間の政治資金規正法違反（収支報告不記載）・安倍前首相の晋和会代表者としての会計責任者に対する選任監督義務違反（法25条2項）、安倍前首相の晋和会代表者としての重過失責任（法27条2項）です。

スピードを要するため、第2次告発は、法律家の会の事務局メンバーを中心とした約10名の告発になりました。

激動の5日間

２０２０年12月21日から25日までは、「桜を見る会・前夜祭」にとって文字どおり激動の５日間になりました。

12月21日

法律家の会が第2次告発を行い、自由法曹団も東京簡裁に正式裁判を求める要請書を提出しました。

12月22日
東京地検特捜部が安倍前首相本人から任意で事情聴取していたことが報じられました。

12月23日
安倍後援会の会計責任者・阿立豊彦氏が前夜祭の収支報告の訂正書を提出しました。

12月24日
東京地検特捜部が、安倍後援会の代表の配川博之公設第一秘書を政治資金規正法違反（収支報告不記載）の罪で東京簡裁に略式起訴し、同日、東京簡裁は罰金100万円を命じ、配川被告人は即日納付しました。
また、安倍前首相はじめその他の被告発人に対しては、嫌疑不十分として不起訴処分にし、公職選挙法違反（寄附）は不問としました。これを受けて、安倍前首相は記者会見で、前夜祭をめぐる国会答弁は事実に反するものがあったが、事務所が補填したことは知らなかった。補填の原資は事務所に預けている資金である。道義的責任を痛感し、国民と全ての国会議員におわびするが、議員辞職や離党はしないと述べました。

12月25日

衆参両院の議院運営委員会で前夜祭に関する質疑が行われ、安倍前首相は、国会答弁が事実と異なることを認めて謝罪はしたものの、秘書や会計責任者に責任を転嫁し、明細書や領収書の提出も拒否し、補填金の原資の説明もしませんでした。そして、委員会終了後の記者会見では、説明責任を果たした、次回衆議院選挙には出馬すると話しました。

東京地検特捜部は、自らが行った捜査によって晋和会問題などさらに解明すべき疑惑が現れたにもかかわらず、消極姿勢に転換し、第2次告発後わずか3日で安倍前首相を嫌疑不十分として不起訴処分にしたことになります。このような検察の対応は、「安倍氏側」と手打ちして年内の決着を図ったと言わざるを得ないものでした。

不起訴処分への抗議

法律家の会は、12月24日に緊急記者会見を行い、今回の東京地検による処分は、厳正公平な捜査が尽くされてなされたものとは言い難く、政治的配慮からなされた不当な処分であり、到底容認できないと断固抗議するとともに、検察の対応について以下の問題を指摘しました。

①安倍前首相の刑事責任を明らかにするには共謀の事実を捜査せねばならず、そのためには事実を正確に解明するための捜索・押収、逮捕・勾留を含む強制捜査が必要である。しかし、この間検察には、強制捜査を行う姿勢が全くなかった。特に安倍前首相に対しては、任意での聴取はしたと報じられているものの、いつどこでどのようになされたのかも不明であり、安倍前首相が自己の弁明を検察に話すだけだった可能性が大きい。このようなものは任意であっても取り調べとは到底言えず、検察が安倍前首相の刑事責任逃れに手を貸したとの批判は免れない。

②公設第一秘書に対する略式請求は、政治資金規正法の不記載罪のみであって、公職選挙法違反については対象から外されている。しかし本件では、安倍前首相側で宴会費用の一部を「補填」した事実が明らかな以上、前夜祭に参加した後援会員らに対して、宴会費用の一部支払いという利益を与えていることは明らかである。公職選挙法で禁止されている寄附行為があったことは逃れようもない事実である。検察は、利益を享受した後援会員の認識を問題視しているようであるが、利益を受ける側の認識は問題ではないという判例もあり、そもそも受益者の認識を問題にするなら、後援会員らに対する徹底した捜査も必要だった。公職選挙法違反について徹底した捜査を遂げていないのであれば、そのこと自体が大きな問題と言うべきである。

③　本件は、現役の首相が関与した犯罪であり、首相在任中に反復継続的に行われたものであって、収支報告書への不記載額も「補填」金額も市民感覚からすれば相当高額である。それゆえ、本件における刑事責任の重大性・情状の悪質性からすれば、到底略式起訴で終わらせるような事案ではない。

④　法律家の会は、不起訴処分に関する情報を収集し安倍前首相の国会での答弁も分析したうえで、検察審査会への申立てを検討する。

このように指摘したうえで、法律家の会は、安倍前首相は「国会質問で〝禊〟が済めば国民は忘れてくれるだろう」と高を括っているかもしれないが、その淡い期待は残念ながら崩れ去るであろう。この国に法の支配と民主主義を取り戻すまで、法律家の会の活動は続ける、と宣言しました。

検察の不起訴処分と安倍前首相の開き直りともいうべき釈明に対しては、県民の会・宮城のネット署名に短期間で約11万３０００人が署名し、マスコミの世論調査でも約80％が納得できないと答えました。また、安倍前首相の国会での虚偽答弁は１１８回に及んでいるとの衆議院調査局の調査結果も報告されました。

検察審査会への不服申立てと第3次告発へ

２０２１年になり、法律家の会は、検察の捜査・処分内容を検討するとともに検察審査会に対する不服審査申立ての準備を始めました。

検察の処分は秘書一人に部分的な責任を負わせ、安倍前首相を徹底的にかばって幕引きを図った極めて甘い処分であることを確認し、不起訴処分の不当性として、①「前夜祭」問題の本質は有権者に対する違法な寄附であり、これを隠蔽するために収支報告書に記載しなかったのに、これを不問にしたこと、②証拠上、晋和会が補填金を支出しているのに、後援会の収支報告書の訂正だけで済ませようとしていること、③安倍前首相はいまだに秘書に責任を転嫁しているが、少なくとも国会で厳しい追及を受けた後の２０２０年5月に提出した収支報告書不記載の刑事責任を負うべきであること、の3点に整理しました。

この検討のなかで、12月23日に行われた後援会の収支報告書（２０１7年、18年、19年の3年分）の訂正が、驚くべき辻褄合わせに過ぎなかったことが判明しました。次のようなごまかしをしていたのです。

前夜祭に関する収支報告書の訂正の仕方は、各年度の収支報告書の「支出」にホテルに支払った会場費を加え、「収入」に参加者から集めた会費と不足分の補塡金を加えることになるはずです。そして、検察の捜査では、補塡金は晋和会が支払っていたことになります。つまり、本来なら、「収入」は「参加者の会費＋晋和会からの補償金」となるはずです。

ところが、「安倍氏側」が12月23日に行った訂正では、「収入」は「参加者の会費＋前年度からの繰越金」とすり替えられているのです。２０１７年、18年、19年の前夜祭の費用の不足分は合計すると６０１万２３２９円になりますが、この６０１万２３２９円を２０１７年度期首の繰越金に加算しておけば、この繰越金から２０１７年、18年、19年の不足分が支出されたという辻褄合わせができるのです。

「安倍氏側」の訂正では、安倍後援会では3年前に繰越金額を６０１万２３２９円も少なく記載していたことになりますが、あまりにも人を馬鹿にした説明というほかありません。これは政治資金規正法が禁じている収支報告書の虚偽記載罪（法25条3号）に該当します。

虚偽記載の目的が「晋和会隠し」、すなわち、安倍前首相が代表である晋和会に「政治とカネ」の問題が波及することを隠蔽しようとしたことは明らかです。虚偽答弁をあれだけ批判されても、安倍前首相はいまだにウソにウソを重ねているのです。

しかも看過できない問題は、こんな簡単なごまかしを東京地検特捜部が見破れないはずはなく、東京地検が虚偽記載であることを知りながら容認したということです。政治資金規正法は政治資金の流れの透明化のための法律であり、しかも、参加者の会費を上回る補塡金は有権者への寄附に使われた黒いカネです。この補塡（寄附）の原資を明らかにしなければ、捜査の意味はありません。

法律家の会は、2021年2月2日、検察審査会に審査申立てを行うとともに、告発人集会を行い、不起訴処分の不当性を明らかにしました。検察審査会は市民11人で構成されています。「桜を見る会・前夜祭」をめぐる安倍前首相の「政治とカネ」に関する犯罪について、市民感覚を発揮して「起訴相当」の議決がなされることを期待しています。

また、上述したように、「安倍氏側」の収支報告書の訂正は虚偽記載罪に該当するので、第3次告発も検討しています。

第5章
桜を見る会への
ジャパンライフ会長招待問題

全国ジャパンライフ被害弁護団連絡会代表
石戸谷 豊

はじめに

ここでの問題は、２０１５年の総理主催の桜を見る会に、ジャパンライフの代表者であった山口隆祥（以下、山口）が招待され、山口がその招待状を預託商法の宣伝材料に利用したという問題です。

桜を見る会への招待者に関しては、「外交団、国会議員、都道府県知事、議長を始め、各界において功績、功労のあった方々」としているというのが政府見解です。[*1] そこで、山口の「功績・功労」問題を考えるため、山口の悪徳商法歴を概観します。

マルチ商法と預託商法

この件では、多くが山口をマルチ業者として報道しています。山口がマルチ業者であったことは事実ですが、桜を見る会に招待した当時の営業はマルチ商法ではなく、預託商法です。山口は、ジャパンライフの預託商法に関して、２０２０年10月８日に詐欺で起訴され、同月29日に詐欺で追起訴されました。マルチ商法は、特定商取引法によって規制されていますが、全面的に禁止されているわけではありません。しかし、預託商法詐欺は犯罪そのものです。招待された当時に山口がやっていたのは何かについて、正確に把握することが重要です。

山口は、元祖悪徳商法の一角を担う人物で、その歴史は大変長いものです。山口が展開してきた悪徳商法を概観しますと、１９７１年から20世紀の間の30年間がいわば前半であり、マルチ商法を展開してきた時代です。そして、21世紀に入って２００３年から２０１８年までの15年間が、後半の預託商法の時代ということになります。

ジェッカーチェーン社のマルチ商法

まず、前半のマルチ商法について見ていきます。山口が国会に登場するのは、１９７５年5月のことです。[*2] 山口は１９４２年3月生まれですから、33歳の時になります。当時はマルチ商法被害が社会問題化していて、被害者１００万人と言われる時代でした。その頃は消費者保護の法律がほとんどない状態で、マルチについても規制がありませんでした。そこで、法規制の必要性などの質疑のため参考人質疑が行われ、１９７１年設立の大手マルチ業者であるジェッカーチェーン株式会社の代表取締役の山口も招致されたわけです。

この時、山口は、ジェッカーチェーン社の営業がマルチ商法であることを完全否定し、ダスキンやヤクルトがやっているようなフランチャイズなのだ、道徳的にも絶対に良いものだなどと開き直っています。

翌1976年に訪問販売法（現在の特定商取引法）が制定されました。消費者保護の法律の誕生です。マルチ商法は、この訪問販売法により、「連鎖販売取引」として規制されることになりました。こうした状況のなかで、ジェッカーチェーン社は社会的批判を浴びて倒産します。

ジャパンライフのマルチ商法

山口は、ジェッカーチェーン社が潰れる前の1975年3月に、ジャパンライフ株式会社を設立していました。そして、1980年頃から、当時の訪問販売法のマルチ規制を脱法する形で、健康布団などを商材としてマルチ商法を展開します。当時の連鎖販売取引で規制されていたのは、マルチ業者からマルチの加入者が商品を買い取り、勧誘して参加させた下位の加入者に商品を販売するという、再販売型の取引類型だけでした。そこで山口は、ジャパンライフはマルチの加入者に商品の販売を委託しているだけだという形式を取りました。

しかし、その仕組みは、ジャパンライフ、販売会社、代理店、ファミリー長、ファミリーといったランクに分けられていて、欺瞞的な勧誘でシステムに参加させたうえ、上のランクほど儲かるのでランクアップすべきだ、そのためには高額の負担をしなければならないなどといった仕組みになっていて、実質はマルチのシステムそのものでした。形式は連鎖販売取引に該当しないものの、内容的にはマルチであるため、当時は「マルチまがい商法」とも呼ばれました。

このマルチ商法も、負債を抱えて破産したり自殺者が出るなど、深刻な社会問題となりました。その反面、ジャパンライフは大いに儲かり、1982年に国税庁が税務調査に入る事態となりました。

山口による政界対策

ジェッカーチェーンを潰されたのは政治家と結びつきがなかったからだと山口は考えていて、1983年に「健康産業政治連盟」を立ち上げ、関係業者から資金を集めて政治献金をやりだします。こうして、山口は政界と本格的にかかわるようになります。

しかし、国税の調査で多額な脱税が発覚したため、山口は1984年4月、2億6000万円の脱税で起訴されました。そして、同年8月に懲役2年、執行猶予4年の判決を受けます。[*3] 実刑を免れたため、マルチ商法を続けることができ、被害は止みませんでした。

こうした状況で、1985年には国会質疑でジャパンライフ問題が頻繁に取り上げられました。[*4] 同年11月13日の参考人質疑では、ジャパンライフ被害者の会代表の宮脇敬氏が、離婚や一家離散に追い込まれた人、自殺や行方不明になった人もいるといった被害実態を述べています。また、東京大学の竹内昭夫教授は、訪問販売法の立法時に続いてこの時にも参考人として招致され、ジャパンライフのようなマルチまがい商法も訪問販売法の適用対象とすることを明確にする意味で、法改正すべきであると意見を述べています。そして、訪問販売法の1988年改正が行われ、委託販売型マルチも適用対象とすることが明確化されました。[*5]

この頃の国会質疑のなかで、1986年2月10日の予算委員会質疑は、とくに重要です。この質疑で、前述した健康政治連盟から中曽根康弘総理に1000万円の政治献金があったことが取り上げられました。[*6] 中曽根総理は、献金があったことを認め、「甚だ遺憾です」と答弁しています。また、ジャパンライフの冊子などに多くの政治家が利用されていることについて、松浦利尚衆議院議員は、「こうしたことを安易にすることがどれほどまじめな国民に影響を与えるか真剣に考えなければいかぬと思うのです」と指摘しました。

それに対して中曽根総理は、多くの政治家の名前が使われているといったことについて、「いやしくも公の地位にあるものがそのような一部の人たちの利益のために利用されるということは厳に慎むべきである」などと答弁をしています。山口は、すでにこの当時から政治家を利用していたとともに、その政治活動のあり方が問題となっていたのです。

さらに、安倍晋太郎外務大臣が1984年に国連を表敬訪問する時に、山口を同行していたという事実も明らかになりました。なお、野党の桜を見る会追及本部の調査で、この国連の表敬訪問の時、外務大臣秘書官をしていた安倍晋三氏も同行していたことが明らかになっています。[*7]

山口の暗躍は途絶えることなく続き、1991年の国会質疑では、ジャパンライフの韓国の合弁会社が韓国でマルチ商法と認定されて是正命令を受けたことが指摘され、国際的な消費者問題となっていることが浮かび上がりました。また、国会では、磁気治療器を販売する際に癌に効くとしているのは薬事法違反ではないかとの質問に対して、政府委員はそのような宣伝は薬事法違反となると答弁しています。[*8]

このように、山口のマルチ商法が深刻な社会問題であった時期が長いため、ジャパンライフや山口は、マルチ業者として語られることが多いです。2017年の国会質疑で麻生太郎大臣も山口について、「これは結構有名人ですよ」「マルチという言葉が始まった最初の頃からもう出ていた方だったと思いますけれども」などと答弁しています。[*9] このあたりが、政治の世界での共通認識でしょう。

ジャパンライフの預託商法

しかし、マルチ商法以上に問題なのは、預託商法です。ジャパンライフが2003年から始めた預託商法は、被害者3万人・被害額2000億円の被害を出した豊田商事事件と同種のものです。豊田商事の場合、「金は値上がりする」と勧誘して金地金を売りつけ、「金には金利がつかないが、豊田商事に貸してもらえば賃借料を払います」ということで、現物の代わりに純金ファミリー証券（賃貸借契約証書）を渡すという形式でした。しかし、実態としては、金は全く存在しませんでした。[*10]

この豊田商事事件の再発防止のために1986年に制定されたのが、預託法（特定商品等の預託等取引契約に関する法律）です。この法律は、営業の自由の観点から過剰規制を避けるという理由で、適用対象商品を政令指定制とするなど、極めて不十分な内容となっています。そのため、業者が和牛（あるいは和牛の共有持分）を販売して預託を受けて飼育し、その利益などを配当するという、一連の和牛預託商法の被害を防止できませんでした。[*11]

ジャパンライフの場合、対象商品は磁気を埋め込んだ健康器具などです。[*12]この商法の仕組みは、ジャパンライフが顧客（オーナー）に対し、健康に良い商品だなどとして磁気ベストなどの健康器具を販売し、同時に販売した商品の預託を受け、預託の期間（短期契約の場合、6年）、毎月年6％の賃料をジャパンライフがオーナーに支払う、契約期間満了時あるいは解約時（いつでも解約できる内容）には当初支払われた売買代金の全額が戻る、というものです。

例えば、200万円の契約の場合、月1万円が送金されてきますし、解約時または期間満了時には200万円が戻ります。資金の流れからすると、定期預金のような仕組みになっています。そのため、毎月賃料が支払われているうちは、被害者は騙されていることに気づきません。

さらに、銀行に預金していても金利がほとんどない超低金利の状態なので、「預金していても意味がない」という勧誘に応じ、次々と契約して被害額が大きくなるというのが特徴です。

預託商法の実態

ところで、この年6％の賃料は、ジャパンライフが第三者にレンタルすることで、そのレンタル料をオーナーに支払うのだと説明されていました。しかし、破産管財人の調査報告で、このレンタル料は全額オーナーに支払われるため、ジャパンライフには何の利益も残らず、当初から営業として成り立たない仕組みであったことが解明されています。つまり、当初から自転車操業であり、典型的なポンジ・スキームで、成り立たない仕組みなのです。

こうした実態であるうえ、後述のとおり消費者庁が２０１５年9月にジャパンライフに立入調査を行った結果、商品が契約数の10％程度しか存在しないということが分かっています。

このように、ジャパンライフの預託商法は、新しく導入したお金を自分らで使い、これまでの契約者に配当や返戻金を払ったりしているだけのことであって、「商法」の名に値しない、会社組織を単に使った組織的犯罪行為にほかなりません。

ジャパンライフへの行政処分の経緯

山口が桜を見る会に招待された２０１５年という年は、預託商法のかなり末期にあたります。

ここで、ジャパンライフの破たんに至る経緯を概観しておきます。

ジャパンライフが預託商法を始めたのは２００３年のことですが、一連の和牛預託商法の業者が破綻し、２０１１年12月には最大の和牛預託商法業者である安愚楽牧場が破産します。安愚楽牧場事件は、被害者7万３０００人、被害額約４３００億円という空前の消費者被害となりました。

こうした経緯もあり、消費者庁はほかに預託商法被害が潜在化していないか調査しています。その調査の結果、ジャパンライフの預託商法を把握し、苦情もあるということが分かりました（全国の消費生活センターなどに寄せられたジャパンライフの相談件数は、２０１０年度が１３７件、２０１１年度が１４６件、２０１２年度が１６５件、２０１３年度が１５６件、２０１４年度が１６５件、２０１５年度が１６５件という推移となっています[*13]）。

ところが、当時、預託法の適用対象商品にはジャパンライフが扱っていた家庭用治療器や健康食品が指定されていませんでした。そこで消費者庁は、２０１３年7月、これらの商品を預託法の適用対象とする指定商品に追加します[*14]。

そして、この当時の消費者庁の取引対策課長は、ジャパンライフが安愚楽牧場の二の舞になるおそれがあるとして立入調査の意向でしたが、その前に異動してしまいます。新たに就任した課長に、担当課長補佐が2014年7月31日に説明した内部文書が、後日明らかになりました（後述）。その結果、立入調査ではなく、単なる行政指導とすることが決定されました（この課長補佐は、その後、ジャパンライフに天下っていました。この課長補佐については、再就職等監視委員会から国家公務員法違反とされています）[*15]。それ以降のジャパンライフへの消費者庁の対応の流れは、次のようになります。

① 2014年9月　文書による行政指導
② 2015年9月　立入調査（商品が契約数の約10％しかないことが判明）
③ 2016年12月　1回目の行政処分（預託取引につき業務停止3か月）
④ 2017年3月　2回目の行政処分（預託取引につき業務停止9か月）
⑤ 2017年11月　3回目の行政処分（業務提供誘引販売取引につき業務停止12か月）
⑥ 2017年12月　4回目の行政処分（預託取引につき業務停止12か月）

桜を見る会に招待した2015年春のジャパンライフの財務状況については、粉飾決算をしていたため、実態の把握は難しいですが、2015年3月期の支払い超過の状況について、公認会計士の調査では（データ不足で監査できない、確認できる範囲という条件で）、２０１５年３月期の債務超過は２６６億円ということでした。同様に、２０１６年３月期の債務超過は３３８億円とされています。

破産申立とその後の経緯

ジャパンライフは、２０１７年11月以降、オーナーに対する配当の支払いを停止しました。こうした状態では、個々の被害者の被害救済は不可能で、もはや破産申立以外選択肢はありません。そこで、翌２０１８年1月19日前後に全国一斉ジャパンライフ被害１１０番を実施、翌20日に全国ジャパンライフ被害弁護団連絡会を発足させました。[*16]

全国の弁護団の連携により、同年2月９日に東京地裁に破産申立を行いました。破産原因として、ジャパンライフは支払停止のうえ、負債も２４００億円と巨額であって大幅な債務超過の状態にあることなどをあげています。決定に先立って、東京地裁が山口の言い分を聞く手続き（審尋期日）がありました。裁判官から、「何か言いたいことがありますか」と問われた山口は、「ぜんぜん債務超過じゃないんですよ！」などと述べたのでした。巨額の債務超過の下で支払停止の状況に陥っているのに、よくまあそのようなことが平気で言えるなと思ったのと同時に、１９７５年の参考人質疑の答弁が頭をよぎり、43年の時を経ても山口は何も変わっていないと実感しました。同年3月1日、破産手続の開始決定となりました。

その後、破産管財人により精力的に各種手続きがとられましたが、先述のとおりジャパンライフは長期間の業務停止処分を受けながら、全国80店舗を維持したまま営業を継続しようとしたため、各種税金、社会保険料などはもちろん、従業員の給与なども未払いのまま破産に至っています。これらの債権は、破産法上、財団債権として一般債権（被害者債権も一般債権に分類されます）に優先するとされています。2017年12月当時の従業員は約600人という多数にのぼっており、第5回債権者集会時点（2020年12月9日）でも財団債権としての労働債権は約4億6000万円、財団債権の総額は約7億4000万円に及んでいるため、現時点では被害者への配当は厳しい状況にあります。

しかし、管財人は、国税当局にジャパンライフが納付した消費税の還付請求を行っており、これが還付されると配当が可能になってきます。弁護団は、ジャパンライフの事案においては、労働債権の実質は被害者から巻き上げた資金の分配にほかならず、これを被害者への配当より優先させるのは不当であって、被害者へまず配当すべきと主張してきています。これらの決着いかんで、配当の内容が決まるという段階です。

なお、山口は、ジャパンライフの破産管財人などから破産申立され、2019年1月28日に東京地裁から破産手続き開始決定を受けています。

山口らの刑事事件

刑事事件の状況ですが、警視庁と秋田・福島・埼玉・愛知・岡山の5県警による合同捜査本部は、2019年4月25日に山口の特定商取引法違反事件として強制捜査を行いました。

そして、2020年9月18日には山口ほか13人を詐欺容疑で逮捕し、東京地検は同年10月8日に山口を詐欺容疑で起訴しました。全員の再逮捕を経て、東京地検は同年10月30日に山口を詐欺で追起訴し、山口ひろみや地区マネージャーら12人については出資法違反で起訴しました。

預託商法と山口の政治家の利用

自転車操業の下では、どんどん会員を拡大しなければ、早晩破綻してしまいます。そこで山口は、元官僚や大手マスコミ関係者を顧問とするなど、いかにも信用ある会社に見せかける工作を続けるとともに、政治家対策も重視していました。

野党桜を見る会追及本部のヒアリングに、前述の2014年7月31日の消費者庁の内部文書が提出され、2019年11月29日の国会質疑でも取り上げられました。[*17] それによると、行政指導にするか立入調査をするかの検討会議において、担当課長補佐が配布した文書があり、そこには「長官レクのタイミング」との項目で「＊政治的背景による余波懸念:外圧的に立入検査（あるいは召還）の真意を問われる→政務三役へのレク必要性の有無」という記載があります。この部分については、山口が幅広く政治家と関係を持っていることから、政治的な影響力を懸念したものと推察されます。

山口は、政治家との会食や懇親会などを宣伝用のチラシに利用しています。例えば、「自民党・二階俊博幹事長を囲む会を山口会長主催で開催しました！」を作製、そこには大手マスコミの解説委員や論説・編集委員などの著名な人物の顔写真が羅列されているものでした。

また、2017年1月13日に加藤勝信一億総活躍担当大臣（当時、現・官房長官）と会食し、その際、加藤大臣から「ジャパンライフの取り組みを非常に高く評価していただいた」などというチラシやスライドを作成して利用していました（前述のとおり、ジャパンライフが業務停止期間中の時期のことです）。この点について、加藤大臣は、承知していない形で掲載されているということで抗議していると答弁しています。[*18]

そして、総理主催の桜を見る会は、山口の格好の宣伝材料になりました。そういう信用できる人なら、ということで契約したという被害者の生の声は、公開の場である野党の桜を見る会追及本部のヒアリングの際にも届けられています。[*19]

新規顧客の勧誘だけでなく、既存の被害者の被害の拡大についても利用されています。ジャパンライフの被害者は7000人であるのに対して、被害額2100億円とされており、単純計算では1人当たり3000万円になります。これは、ほかの悪徳商法事案と比べると、異常な高額です。銀行に預金しておいても金利はつかないとか、保険に入っている必要はないとかの勧誘で、根こそぎジャパンライフに契約させ、被害が大きくなっています。被害の拡大という点でも、総理から招待されたという事実は大きな宣伝材料となっているのです。

安倍前総理と山口の関係

こうした山口との関係について安倍前総理は、「ご指摘の山口会長についてては、過去において私が招待された多人数の会合などの場で同席していた可能性までは否定しませんが、山口氏と一対一のような形でお会いしたことはなく、個人的な関係は一切ありません」と述べています。[*20]

安倍前総理が山口と関わりがあったことは、否定しようがありません。前述のとおり、1984年に安倍晋太郎外務大臣がニューヨークの国連を表敬訪問した際、同行者に山口と大臣の秘書官だった安倍晋三氏が含まれていたことが分かっています。[*21] つまり、山口とは、安倍晋太郎、安倍晋三の2代にわたる長い付き合いがあるということです。

事実を説明しない安倍前総理

安倍前総理の問題には、桜を見る会に招待したこと自体に加え、その後の対応にもあります。前述したとおり、中曽根総理（当時）の場合、献金があったことを認めて、「甚だ遺憾だ」と述べています。また、加藤勝信大臣も先述のとおり、山口と会食し、山口が「ジャパンライフの取り組みを非常に高く評価していただいた」などと述べている点について、承知していない形で掲載されているということで抗議していると答弁しています。[*22] その内容の真偽はさておくとして、質問には正面から事実関係を説明しています。

これに対して安倍前総理の場合、総理の側から招待をしたことであるにもかかわらず、「桜を見る会の個々の招待者やその推薦元については、個人に関する情報であるため、招待されたかどうかも含めて従来から回答を差し控えさせていただいている」などとして、答えようとしません。[*23]

被害者側から見れば、安倍前総理は加害者側を個人情報であるからという理由でかばっているため、加害者側に加担していると映るのは当然のことです。しかも、個人情報を守られるべきとされる山口の方が、逆に招待されたことを宣伝に使っているわけですので、個人情報の保護は何の根拠にもなりません。

政治家が悪徳業者に利用されることについて

前記のとおり、中曽根総理は、「いやしくも公の立場にあるものがそのような一部の人たちの利益のために利用されるということは厳に慎むべきである」と述べていますが、これは当然のことと言えます。

これに対して安倍前総理は、「なお、一般論として申し上げれば、桜を見る会が企業や個人の違法、不当な活動に利用されることは決して容認できません」と述べるにとどまっています。[*24]

中曽根総理の答弁の場合は、政治家側の姿勢を問題にしているのに対し、安倍前総理の答弁は、逆に一般論として利用する側を非難するだけで、桜を見る会に招待したことの責任は回避しています。

内閣官房と内閣府の責任とは

さらに安倍前総理は、招待者に関する参議院本会議での田村智子議員の質問に対して、「私の事務所においては、内閣官房からの依頼に基づき、後援会の関係者を含め、地域で活躍されているなど、桜を見る会への参加にふさわしいと思われる方を始め幅広く参加希望者を募り、推薦を行っていたところであります」としつつ、「桜を見る会の招待者については、内閣官房及び内閣府で最終的な取りまとめを行っている」という点を、同じ答弁の中で4回も繰り返しています。[*25] 要は、内閣官房と内閣府の責任においてやっているという点を強調しています。

そうすると、内閣官房と内閣府が山口を「功績・功労者」として招待したということになるわけですが、これでは日本がまるで悪徳業者を招待するような不法国家ということになってしまいます。こういう責任転嫁は、国民の官邸に対する信頼を喪失させ、国際的な視点から見ても大いに国益を損なうと言わざるを得ません。

山口を桜を見る会に招待した責任は内閣官房と内閣府にあるのだと、安倍前総理は責任転嫁しようとしているのかもしれませんが、その企ては失敗に終わることは自明です。その内閣官房と内閣府の最高責任者は、言うまでもなく総理大臣であるからです。ブーメランのように責任は戻ってくるので、その責任から逃れることは不可能です。

山口の「功績・功労」とは

前述のとおり、山口のマルチ商法を背景に1976年に訪問販売法が制定されたうえに、山口がその規制を免れてマルチまがい商法を展開して深刻な被害を出し続けたために、1988

年の法改正により幅広く規制されるようになりました。

さらに、預託商法を規制する預託法も、ジャパンライフの預託商法被害を契機に見直しが議論され、２０２１年の通常国会に改正法案が提出される予定ですので、その経緯を述べておきます。

２０１９年8月30日、内閣府消費者委員会は、「いわゆる『販売預託商法』に関する消費者問題についての建議」を発出し、消費者庁に法改正を求めました。[*26] これを受けて、消費者庁は「特定商取引法及び預託法の制度の在り方に関する検討委員会」を立ち上げて審議し、２０２０年8月19日に報告書を取りまとめました。そこでは、販売をともなう預託等取引契約については、「本質的に反社会的な性質を有し、行為それ自体が無価値（反価値）であると捉えるのが相当であることから、預託法において、原則禁止とすべきである」としています。[*27] ジャパンライフ事件で明らかになった預託商法の実態から、それが本質的に反社会的な性質であることを政府として明確にした意義は大きいもので、預託法の改正法案はこの原則禁止の考え方によって準備されています。

このように見てくると、山口のやってきたことが、訪問販売法（現在の特定商取引法）の制定・改正、預託法の改正に大きな影響を及ぼしたことは明らかで、これを逆説的に言えば、消費者保護の法整備に対する山口の「功績・功労」が非常に大きいということになります。そのような意味で、山口を桜を見る会に招待したというのでしょうか。招待の理由は、明確に説明されるべきです。

国家の機能不全

菅総理の著書である『政治家の覚悟』には、第1部冒頭で「李下に冠を正さず」として、「政治家が自ら指示したことについて責任回避するようでは、官僚はやる気をなくし機能しなくなります」と述べています。[*28]

このような事態は、ジャパンライフの問題にとどまらない深刻な問題であることは明白です。そのような危機的事態に陥らないようにするためにも、安倍前総理と菅総理は、責任回避をせず、招待した経緯とその責任を明確にすべきです。そのうえで、謝罪すべきです。まずは、安倍前総理の招待状を信用してしまった被害者に対して。次に、悪徳業者を招待したと責任を転嫁され、汚名を着せられた内閣官房や内閣府の担当者に対して。そして、政治への信頼を失墜させてしまったことについて、全国民に対して。

＊1　2020（令和元）年5月21日衆議院財務金融委員会議録15号13頁
＊2　1975（昭和50）年5月13日衆議院物価問題に関する特別委員会議録
＊3　東京タイムズ特別取材班『マネーゲーム調書』木馬書館273頁、1986（昭和61）年2月10日衆議院

予算委員会議録第7号8頁

＊4　1985（昭和60）年5月29日衆議院決算委員会議録第8号、同年11月13日衆議院商工委員会議録第1号、同年11月21日衆議院物価問題等に関する特別委員会議録第2号、同年11月29日衆議院商工委員会議録第6号、同年12月10日衆議院商工委員会流通問題小委員会議録第1号等

＊5　マルチ商法の規制の経緯については、斎藤雅弘・池本誠司・石戸谷豊『特定商取引法ハンドブック（第6版）』日本評論社479頁以下

＊6　1986（昭和61）年2月10日衆議院予算委員会議録第7号9頁

＊7　第13回総理主催「桜を見る会」追及本部ヒアリング（2019年12月6日）

＊8　1991（平成3）年8月21日衆議院予算委員会議録第2号32頁

＊9　2017（平成29）年4月11日参議院財政金融委員会議録第10号13頁

＊10　豊田商事事件については、全国豊田商事被害者弁護団連絡会議編『虚構と真実　豊田商事事件の記録』（非売品）、豊田商事株式会社破産管財人編『豊田商事事件とは何だったか　破産管財人調査報告書記録』（朝日新聞社、2007年）が詳しい。

＊11　出資法や詐欺罪で有罪とされた主な和牛預託商法事件をあげると、はるな牧場事件（1997年）、軽井沢ファミリー千紫牧場事件（1998年）、みちのく都路村共済牧場事件（1998年）、ジェイファーム事件（1999年）、ふれあいランド共済事件（2000年）、ふるさと牧場事件（2010年）などがある。その後の安愚楽牧場事件の場合、中心人物2人が預託法違反で有罪となった（2014年）。

＊12　ジャパンライフ事案の概要と問題点については、石戸谷豊「ジャパンライフ事件が投げかけた問題 ─預託法について─」、『現代消費者法』、39号、84頁

＊13　日本消費経済新聞2017年1月1日号5頁

＊14　この経緯については、石戸谷豊「ジャパンライフ事件が投げかけた問題（2）─天下り問題と消費者庁創設の理念─」、『現代消費者法』41号、57頁

＊15　前掲脚注14

＊16　代表は石戸谷豊、事務局長は大迫恵美子弁護士

＊17　2019（令和元）年11月29日参議院地方創生及び消費者問題に関する特別委員会議録第5号17頁

＊18　2018（平成30）年1月30日衆議院予算委員会議録第3号3頁

＊19　第8回総理主催「桜を見る会」追及本部ヒアリング（2019年11月29日）には、電話により2名の被害者の声が流された。第35回（2020年9月24日）など、被害者が直接参加して被害の実情を語った機会も多い。

＊20　2019（令和元）年12月2日参議院会議録第9号5頁

＊21　第13回総理主催「桜を見る会」追及本部ヒアリング（2019年12月6日）

＊22　2018（平成30）年1月30日衆議院予算委員会議録第3号3頁

＊23　2019（令和元）年12月2日参議院会議録第9号ほか

＊24　2019（令和元）年12月2日参議院会議録第9号5頁

＊25　2019（令和元）年12月2日参議院会議録第9号12頁

＊26　消費者委員会ホームページ

＊27　消費者庁ホームページ

＊28　菅義偉『政治家の覚悟』文藝春秋社、27頁

第6章

学術会議会員任命拒否の違憲・違法性

早稲田大学大学院法務研究科教授
岡田 正則

はじめに――任命拒否に至る経緯

2020年9月に発足した菅内閣は、10月1日に、日本学術会議から新会員として推薦を受けた105名のうち6名の任命を拒否しました。ここに至る経緯を大まかに示すと次のようになります。

1949年　日本学術会議の設置（選挙制）
1950年　声明「戦争を目的とする科学研究には絶対従わない決意の表明」
1967年　声明「軍事目的のための科学研究を行わない声明」
1983年　学術会議法改正（選挙制から学協会推薦制へ）
2004年　学術会議法改正（学協会推薦制から自己選考［co-optation］方式へ）
2015年　安保関連法制定（9月）
2015年　防衛装備庁設置（10月）→安全保障技術研究推進制度の発足
2017年　声明「軍事的安全保障に関する声明」（3月）
2017年　学術会議会長が105人＋数人の名簿を示して説明
2018年　内閣府内部文書作成・内閣法制局了解（9〜11月）、補充人事拒否（10月）

２０２０年　第25期会員任命に際し内閣総理大臣が６人を任命拒否（10月）

経緯について留意すべきポイントは３つあります。

１つ目は、学術会議設置と３回にわたる「声明」です。戦前の日本は学術を政治に従属させることによって戦争に突入しました。こうした歴史の反省に立って、戦後日本は学術会議という国家機関を設置し、学術会議はその使命として「声明」を出してきたのです。学術会議法は、政府から独立して職務を行うことを保障するために、学術会議という機関の構成と運営方法を厳格に定めています。このようなしくみの下で、学術会議は、①科学に関する重要事項を審議し、その実現を図ること、②科学に関する研究の連絡を図り、その能率を向上させること、という職務を遂行すべきものとされています（日本学術会議ＨＰを参照）。

２つ目は、学術会議法改正による会員選出方法の変化です。１９８３年以前は選挙による選出でしたので、当選証書交付で会員資格が確定していました。これが推薦制に変更されたために、資格確定の手続が必要になりました。そこで、内閣総理大臣の「任命」という手続が加えられました。このような経緯から、その「任命」はあくまでも形式的なものだというのが政府の公式見解であり、また立法者意思でもあったのです。２００４年の改正で学術会議自身による選考と総会議決に基づく選出制度にさらに変更されましたが、「任命」の趣旨は同じです。したがって、それが〝選考の余地のない任命〟であることは制度上明確です。

3つ目は、2015年の安全保障技術研究推進制度の導入以後の動向です。大学や諸種の研究所が軍事研究に誘導・動員されかねない状況に対して、2017年3月に学術会議が注意を促す「声明」を出し、これに呼応して多くの大学などは軍事研究拒否の意思表示をしました。政府（特に官邸）は、こうした動きを阻止し抑圧するために学術会議への人事介入という手段を用いることにしたのだと考えられます。

明白な違憲・違法性

今回の任命拒否が違憲・違法であることは、すでにこの間十分に論じられていますが、[*1]私の専門分野である行政法学から見ると、それは次の3点に整理することができます。

第1に、この拒否は憲法23条と日本学術会議法1条〜3条に違反しています。学術的な研究・業績に基づく学術会議の決定を総理大臣が覆すという政治権力の行使は、政治的動機による学術活動の取り締まりという点で、戦前の滝川事件や天皇機関説事件と同質です。これらの事件への反省として学問の自由の保障を定めた憲法23条に違反し、[*2]その保障を制度的に支える仕組みである学術会議法1条〜3条所定の学術会議の独立性・自律性を破壊するものです。

第2に、この拒否は、学術会議の推薦に反している点および学術会議法などの法令所定の任命基準と任命手続に反している点で、同法7条・17条に違反しています。また、《総理大臣の任命権は、1983年までの当選証書交付の代わりとなる形式だけの権限であり、任命拒否を行うことはできない》という今日に至るまでの正式な政府見解（学術会議法の解釈に関する国会答弁）にも反する、国会冒涜の違憲行為でもあります（憲法66条3項・72条違反）。

第3に、この拒否は手続上も違法です。菅首相は記者会見で「今回の任命の決定にあたって学術会議から提出された推薦名簿を見ていない」と明言しました。[*3] そうすると、今回の任命拒否は学術会議からの推薦名簿に基づいていないことになり、違法です。後日、首相は「官房副長官から説明を受けていた」と言いつくろったようですが、結局、「拒否した者の名前も研究業績も（加藤氏以外については）知らない」というのですから、[*4] 任命判断の基本的な前提を欠いていたことになり、その違法性は明白です。

このように、6名の任命拒否が違憲・違法であることは明白ですが、首相は国会答弁などにおいて、2018年の内閣府内部文書を唯一の根拠として「学術会議の推薦どおりに任命する義務はない」と繰り返し主張しています。そこで、以下では、この文書の虚偽性を明らかにし、最後に、こうした違憲・違法行為が政権によって行われるに至った背景に触れることにします。

任命拒否の唯一の根拠――2018年の内閣府内部文書

2018年11月13日付の内閣府内部文書は、「内閣府日本学術会議事務局」名で作成され、事務局課長補佐が内閣法制局の了解を得たとされています。[*5] 学術会議会長や幹事会（意思決定機関）・会員候補者選考委員会に対して秘密裏に作成され、事務局長の決裁すら経ていない内部文書です。内閣府や内閣法制局などにおいて、これ以前に同趣旨の文書が作成されたことはありません。したがって、まず形式の点で、この文書を根拠として過去の国会答弁を覆すことは明らかに違憲・違法だと言わざるを得ませんが、ここではその点を措き、この文書の内容面の違憲・違法性を検討することとします。問題となるのはこの文書の次の箇所です。[*6]

①日本学術会議が(a)内閣総理大臣の所轄の下の国の行政機関であることから、(b)憲法第65条及び第72条の規定の趣旨に照らし、内閣総理大臣は、会員の任命権者として、日本学術会議に(c)人事を通じて一定の監督権を行使することができるものであると考えられること　②憲法第15条第1項の規定に明らかにされているところの(d)公務員の終局的任命権が国民にあるという国民主権の原理からすれば(e)任命権者たる内閣総理大臣が、会員の任命について国民及び国会に対して責任を負えるものでなければならないことからすれば、内閣総理大臣に、日学法第17条による(f)推薦のとおりに任命すべき義務があるとまでは言えないと考えられる。

総理大臣には「人事を通じた監督権」は与えられていない

前記内部文書は、①で、「所轄」機関であれば「人事を通じて一定の監督権を行使することができる」としています（a）→（c））。しかし、「所轄」はもともと「事務取扱い」を意味するだけの用語であって、少なくとも学術会議法上は、「一定の監督権」を導きうる類の用語ではありません。この点は、２００４年改正以前の「所轄」機関が総務大臣であったことに照らしてみれば明らかです。すなわち、前記内部文書の論理によれば、同年の改正以前においては総務大臣が「人事を通じて一定の監督権を行使することができる」ことになってしまいますが、そうなれば内閣総理大臣の任命権を侵害することになってしまい、まったく辻褄が合わないことになります。要するに、（a）「日本学術会議が内閣総理大臣の所轄の下の国の行政機関であること」と、（c）「日本学術会議に人事を通じて一定の監督権を行使することができる」こととは無関係です。

次に、前記内部文書は、「憲法第65条及び第72条の規定の趣旨」を根拠として内閣総理大臣が「人事を通じて一定の監督権を行使することができる」としています（b）→（c））。しかし、第1に、個別の監督権は憲法の規定から直接に導かれることはなく、必ず法律レベルでの具体化を必要とするところ、根拠法である学術会議法はまさしくこの種の監督権の行使を否定する趣旨であるので、前記内部文書の議論は成り立ちません。

第2に、「憲法第65条及び第72条の規定」に基づいて監督権を行使しようとするならば、総理大臣は内閣法6条に基づく「閣議にかけて決定した方針」を持たなければなりませんが、その方針は1983年と2004年の学術会議法改正案提出に係る閣議決定にほかならないので、《総理大臣の任命権は形式だけの権限であり、任命拒否を行うことはできない》ということになります。[*7] 内閣府内部文書で閣議決定を否定できないことは言うまでもありません。要するに、(b)「憲法第65条及び第72条の規定の趣旨」を根拠とするなら、(c)「人事を通じて一定の監督権を行使すること」はむしろ否定されます。

付言しますと、1983年法改正時の政府見解によれば、内閣総理大臣が日本学術会議に対して有する権限は、「指揮監督権の具体的な内容としては、予算、事務職員の人事及び庁舎管理、会員・委員の海外派遣命令等である」とされています。[*8] つまり、内閣総理大臣が「人事を通じて一定の監督権を行使することができる」のは「事務職員の人事」に限られるのです。

総理大臣には学術会議会員の選任権は与えられていない

前記内部文書は、②で、憲法15条1項が「公務員の終局的任命権が国民にあるという国民主権の原理」を定めていることを根拠として、「任命権者たる内閣総理大臣が、会員の任命について国民及び国会に対して責任を負えるものでなければならない」という命題を導いています(d)→(e)。しかし、憲法の理念的規定から行政機関の個別的な責任を直接導くことは不可能ですので、前記内部文書のような法解釈は「誰も予想しなかった突飛で特異なこじつけ的解釈」[*9]

と言わざるを得ないものです。公務員の選定・罷免に関する権限をどのように具体化するかは、公務の種類・性質に応じて、国会が法律を通じて決定すべき事項です。

そして、国民は、日本学術会議法7条と17条を通じて、会員の選定の権利を日本学術会議に付託しているのであって、総理大臣にこの権限を付託してはいません。前記内部文書は、憲法15条1項の公務員の「選定権」を「任命権」と恣意的に言い換えて、内閣総理大臣の権限にこれを取り込もうとしていますが、これは一種の詭弁です。

また、会員の罷免の権利について、国民は同法26条を通じて学術会議に付託しているのであって、これを総理大臣に付託してはいません。要するに、(d)公務員の任命権が国民にあるからといって、(e)総理大臣が「会員の任命について国民及び国会に対して責任を負」うことにはならないのです。国民および国会に対して責任を負っているのは学術会議です。

この点に関連して、「総理大臣に選考の余地を認めないのは学者の傲慢だ」といった議論があるかもしれません。しかし、何の選考基準も持っていない総理大臣に会員選考の権限を認めるならば、その行使は必然的に恣意的になります。そして、学術的な基準での選考を覆すための権限行使になるので、それは非学術的で政治的考慮による選考にならざるを得ないでしょう。仮に会員選考について何らかの問題が生じた場合であっても、その解決は総理大臣の恣意的な権限行使に委ねてはならないのであって、学術会議の選考過程を国民と国会が検討することを通じて解決が図られるべきです。

以上のとおり、(f)「推薦のとおりに任命すべき義務があるとまでは言えない」という内閣府内部文書の議論は成り立ちません。

「総合的・俯瞰的な活動の確保」は排除の理由にならない

首相らは、6名の任命拒否理由の説明として、繰り返し「総合的・俯瞰的な活動を確保するため」という文言を用いています。これは、2003年の総合科学技術会議「日本学術会議の在り方について」が、「日本学術会議は、新しい学術研究の動向に柔軟に対応し、また、科学の観点から今日の社会的課題の解決に向けて提言したり社会とのコミュニケーション活動を行うことが期待されていることに応えるため、総合的、俯瞰的な観点から活動することが求められている」[*10]と指摘したことに基づくものとされています。

しかし、この文書を見れば分かるとおり、そこでの「総合的」とは「人文・社会科学を含めた総合的な視点」を求める意味で用いられており、また「俯瞰的」とは「科学者コミュニティの総体を代表する観点」を求める意味で用いられています。そうすると、人文社会系の6名を排除することは「総合的」活動を阻害することになりますし、また、6名排除と「俯瞰的」観点との関連はまったく不明です。そもそもこれらの観点は、学術会議の組織活動について求められるものであって、会員選考の基準とはなり得ません。

10月末から始まった臨時国会の答弁で、菅首相は説明に窮したためか、会員の「多様性の確保」のために自分に選考の権限があるかのように説明をし始めました。しかし、この点は、すでに学術会議会員候補者選考委員会での選考において十分に考慮され、実施されているのであって、むしろ6名の排除はその確保に逆行しています。「多様性の確保」は首相の権限濫用を正当化する根拠とはなり得ないのです。

おわりに――問題の背景を考える

〝魚は頭から腐る〟と言いますが、〝政治権力は真ん中から腐る〟と言えます。2013年以来、政権は権力維持のために、権力暴走のブレーキとなる法的仕組みを次々と破壊してきました。中央省庁人事の官邸支配、内閣法制局の破壊、モリ・カケ・サクラなどでの公文書管理破壊（つまり、国民監視の排除）、辺野古埋立てでの地方自治破壊、検察官人事支配による政権犯罪取締りの排除、そして今回の学術会議人事への介入です。今後、大学、メディア、弁護士会などの公共団体、一般市民の活動へと、違法で恣意的な政治権力の介入が拡大することが危惧されます。

政治権力のこうした暴走は、世界共通の現象になりつつあります。今、私たちの世界では、人間生活の基本、つまり「人を産み、育て、尊重し、看取る」という生活そのものが利潤獲得の手段に組み込まれようとしていますが、人々はさまざまな形でこれに抗議の声をあげています。こうした動きを違法な権力行使とフェイクで押さえ込もうとして暴走しているのが、各国における権力の現状でしょう。

人間生活の基本を支える政治へと転換することが求められています。

＊1　晴山一穂「日本学術会議会員任命拒否の問題点」、『研究機構・研究と報告』140号（2020年）1頁、広渡清吾「科学と政治の関係 ―日本学術会議の会員任命拒否問題とは何か」、『法律時報』92巻13号（2020年）242頁など。

＊2　貴族院が美濃部達吉の天皇機関説の禁止を議決した際にも、《学問の自由は大いに尊重し、切望するが、国体の妨げを為すような人文科学に学問の自由は認められない》という禁止賛成の演説で締めくくられている（宮沢俊義『天皇機関説事件（上）』有斐閣、1970年、145～146頁）。国体に反する学説の取締りは学問の自由の侵害にはあたらない、というのである。しかし今日、時の政治権力によるこうした取締りは、明らかに学問の自由の侵害になる。憲法23条はこの点を明らかにするために定められたのである。

＊3　2020年10月9日の記者会見（10月10日付けの各紙報道を参照）。

＊4　同年11月2日の衆議院予算委員会での首相答弁。

＊5　平成30年11月13日、内閣府日本学術会議事務局「日本学術会議法第17条による推薦と内閣総理大臣

による会員の任命との関係について」（https://static.tokyo-np.co.jp/pdf/article/8231df729f15f597b64fb0789ac8af41.pdf?_ga=2.6917690.985288518.1606399731-1228441857.1606097817 参照）。２０２０年10月６日に政府が初めて公開した。内閣法制局の「応接録」では、参事官・参事官補の担当者名で、「相談年月日　平成30年９月５日～11月15日」、「内閣府が作成した別添説明資料について異論はない旨回答した」、「〔備考〕岩尾第一部長、近藤次長および横畠長官にご相談済み」とされている。内閣法制局が応接に2か月余を要していることおよび長官の了承まで得ていることに注目しなければならない。そして、これらの作成・相談の年月日から考えると首相官邸は、２０１８年10月の学術会議会員補充人事手続（官邸側の推薦名簿差替え要求により補充できず）を契機として、明らかに確固たる意思を持って、今回の任命拒否の準備を開始している。佐藤優「権力論 ―日本学術会議問題の本質」、『文藝春秋』２０２０年12月号１０４頁は、今回の任命拒否について「課長補佐レベルの官僚が、目障りな学者を大した考えもなしにリストに載せたのではないか」「官邸にとっては〝もらい事故〟」などと述べて首相と官邸を免罪しようとしているが、これは無知、または悪意ある虚言と言えよう。

＊6　同上・内閣府文書４～５頁。傍線および(a)～(f)の符号は引用者による。

＊7　１９８３年改正および２００４年改正の趣旨と経緯については、岡倉古志郎「日本学術会議の歴史と現段階」、『法と民主主義』１８２号（１９８３年）３頁、黒木三郎「学術会議「改革法案」の批判的コメント」同誌９頁、黒川清「日本学術会議法の改正によせて」、『学術の動向』２００４年６月号７頁、戒能通厚「日本学術会議 ―その独立性とは何か」、『学術の動向』２００６年１月号52頁、広渡・前掲注

＊1、243〜245頁など参照。

＊8　1983（昭和58）年5月2日付「日本学術会議関係想定問答」の問17（https://www.tokyo-np.co.jp/article/66330参照）。

＊9　晴山・前掲注＊1、10頁。公務員の任免に関して憲法15条を援用する議論は、1963年6月の「国立大学総長の任免、給与等の特例に関する法律案」の国会審議で登場し、1969年の大学管理法案の審議で「申し出があった者を任命することが、明らかに法の定める大学の目的に照らして不適当と認められる、任命権の終局的帰属者である国民、ひいては国会に対して責任を果たすゆえんではないと認められる場合には、文部大臣が、申し出のあった者を学長に任命しないことも……理論上の問題としてできないわけではない」（同年7月24日、文教委員会での高辻正巳内閣法制局長官の答弁）といった形で用いられている。

＊10　総合科学技術会議「日本学術会議の在り方について」（平成15年2月26日）4頁（https://www8.cao.go.jp/cstp/output/iken030226_1.pdf）。傍線は引用者。

［付記］本稿は、日本民主法律家協会発行の『法と民主主義』2020年12月号掲載の論文「日本学術会議会員任命拒否の違憲・違法性」を補訂して作成したものである。転載を認めてくださった同誌編集部に感謝申し上げる。

第7章

学問の自由を侵害する学術会議会員任命拒否

立命館大学大学院法務研究科教授
松宮 孝明

コロナ禍対策の失敗と同根の問題

「ストップ!! 国政の私物化」という統一テーマで「日本学術会議問題」(日本学術会議自体に問題があるわけではないので、より正確には、「学術会議会員任命拒否問題」なのですが)を書いている2021年1月19日、菅内閣の支持率は、読売新聞の報道でも40%を切ったとのことです。調査によっては、30%を割りそうになっているところもあります。

その主な原因は、GOTOキャンペーンとオリンピック・パラリンピック開催にこだわり、コロナ禍対策が後手後手に回っていることと、1月18日の所信表明でも国民に説得的な語り掛けができない菅首相の態度にあるようです。

ところで、「日本学術会議問題」では、菅首相は、何の理由も挙げずに、学術会議から推薦された会員候補のうち6名の任命を拒否しました。しかも、共同通信は2020年11月8日、これを「官邸、反政府運動を懸念し6人の任命拒否」と報じました。取材を受けた身からすると、まさかこんな見出しが付くとは思わず、「反政府運動」とは大げさな、と見出しの修正を求めたのですが、字数の関係とかで応じてもらえず。しかし、これは、今の官邸が、耳の痛い学者の話を聞く気がないことを吐露したという意味では、コロナ禍対策の失敗と同根のものだと思います。

事実、昨年（２０２０年）年10月1日に任命拒否が明らかになったあと、学術界だけでなく、法曹界、映画界、芸術界などから、政府および首相の対応を批判する大きな声が上がりました。しかし、それでも首相は「総合的・俯瞰的」に判断したとか、女性比率が低いなど会員構成に偏りがあるとか言いながら、他方で６名のことは名前もほとんど知らないなど、自己矛盾の答弁を繰り返すだけで、批判の声を受けてもその態度を改めようとしていません。

コロナ禍対策でも、とくに感染症の専門家は、早くから、第３波に備えて医療体制を整備せよとかＰＣＲ検査体制を拡充せよとか、あるいは感染を拡大するＧＯＴＯキャンペーンを中止せよとか、さらにはイギリスで変異種が見つかった12月中旬には早く入国規制をせよとかの意見を述べていたのに、結局は、緊急事態宣言の発出を遅らせ、自ら８人ものメンバーでステーキパーティーをするなどして、国民の緊張感を削ぐような態度を取り続けました。

これは、何よりも自分の政権の支持基盤だけに、そして支持業界だけに配慮した結果だと言われています。菅政権は、自己の利益のために、専門家の意見に耳を傾けず、その結果、日本に住む人々の生活と命を脅かしています。つまり、専門家軽視という点で、任命拒否とコロナ禍対策の失敗は、同根のものなのです。

ついでに言えば、任命拒否問題が明らかになったことで、発足当初は7割近かった菅政権の支持率は、２０２０年10月末までに10ポイント以上下落していました。その後の「桜を見る会」問題とコロナ禍対策の失敗で、支持率は20ポイント以上下がりました。仮に任命拒否問題がなかったとしたら、菅政権は高い支持率を背景に、11月初めにも解散総選挙に打って出て、今よりも政権を安定させることができていたかもしれません。しかし、専門家軽視の姿勢からこのチャンスを逃し、今また専門家軽視のために政権を追われる危機に直面しているのです。

任命拒否問題が起きてから、私は折に触れて『貞観政要』という本の紹介をしています。これは、中国・唐の太宗（李世民）が、かつては彼の命を狙っていた人物まで側近に登用して、「耳の痛い話」を聴くことで世が治まり、唐が空前の繁栄を手にすることができたことを示している書物です。菅政権がやっていることは、ちょうどこれと反対で、まさに「国を亡ぼす」ものだと思います。

軍事研究への抵抗排除の布石

ところで、学術会議の新体制が発足するわずか２日前の９月29日に、学術会議の事務局から任命拒否を聞いた時、私は「おどろいた」、「この政権は大変なところに手を出してきた」という気持ちに襲われました。それは、やはり「学問の自由」に手を出してきたという意味もあります。「言うことを聞かない公務員には辞めてもらう」という就任時の菅首相の言葉を、よりによって独立性を保障された学術会議の会員で示そうというつもりだなという受け止めです。しかし、今は、それではすまない、全体的な狙いのなかでの一部分だったという印象を持っています。

というのも、安倍前首相が辞任直前に「敵基地攻撃能力保持」という談話を発表していたからです。当時はアメリカ大統領選挙直前でもあり、その結果によっては、中国との緊張関係はいっそう強まることが懸念されていました（それは、今でもそうなのですが）。そういうなかで敵基地攻撃能力保持ということを本気でやりだすと、日本は大学も含め、総力を挙げて軍事研究をやらなくてはならなくなります。敵基地攻撃能力の敵とは誰なのか。中国と本気で構えることになれば、局地においてであっても日本は大変なことになります。それをやらせようとしているのがバックにいるアメリカだと考えれば、あり得ない話ではありません。

日本の科学技術を軍事に総動員したいと思っている者たちが今の政権を支えている。その時、軍事研究に反対の世論や学者・研究者の反対は、じゃまになるわけです。そういう抵抗を排除していく、任命拒否や学術会議の「民営化」というのは、その布石としてやっているのではないかと思います。

この点では、私は、最初から軍事研究問題が任命拒否の背景かなと直感的に思っていましたが、今ではその思いをいっそう強めています。その限りで言うと、外された6名が安保法制や共謀罪に反対していたこと自体が重要ですが、それ以上にこの6名を外したことで学術会議に影響を与えて、これをコントロールしてしまうということが大きいのではないでしょうか。

首相や官房長官、官邸が、今回の事態について、きちんとした理屈を示せないことは明らかです。どんなことを言ったとしても理由なく6名を外したことが適法なわけがありません。日本学術会議法7条2項の「推薦に基づいて」の解釈についても、同法7条1項と3項に210人の半数を任命すると数まで法律が定めていることについても、首相が実際には「99人の名前しか見ていない」と発言していることについても、官房副長官の杉田氏など部下に委任したということについても、言っていることは法解釈の体をなしていません。

任命拒否の理由をまともに説明することができないから、日本学術会議について様々なデマを流すのでしょう。これに官邸がかかわっているということは認めないでしょうが、少なくとも自民党の国会議員である甘利明氏は、学術会議が中国の「千人計画」と共同しているというデマを自分のSNSに流していました。これに対しては自民党の総裁としての菅氏の責任が問われますし、問われなければなりません。さらに、それを意識的に拡散するメンバーの責任もです。

まさに、SNSを使って「嘘も100回言えば真実になる」というデマ戦略を使って、事情をよく知らない一般市民、とくに若者を巻き込んで、少なからぬ方々に「任命権者である首相が任命しないのだから、それは仕方がないだろう」とか、「学術会議にも何か問題があるのだろう」などと思わせてしまいました。嘘を本当と思わせる、これは大問題です。そういう恐ろしいことを今やる恐ろしい政権だということを、世間の人が早く見抜かなければなりません。

現段階では、6名を外すことを誰がどのようにして画策したのかをはっきりさせることと、そして、その責任を追及しなければなりません。もっとも、6名を任命するより前に、菅政権が倒れてしまうことを心配しなければならないのが、今の状況ですが。

学術会議は何をする組織なのか

① 学術会議の理念と役割

そこで、今回の問題の深刻さを広く理解していただくためには、日本学術会議は何をする組織なのかについて、理解を広める必要があります。これについては、日本学術会議法の前文に、学術会議の理念が端的に示されています。

すなわち、「日本学術会議は、科学が文化国家の基礎であるという確信に立つて、科学者の総意の下に、わが国の平和的復興、人類社会の福祉に貢献し、世界の学界と提携して学術の進歩に寄与することを使命とし、ここに設立される」と記されています。

ここで、憲法23条の学問の自由との関係での誤解を正しておきたいと思います。法律には「学術の進歩に寄与する」と書いてありますが、日本学術会議が、そしてその会員だけが、直接に学問の自由を享受する主体であるというのではなくて、日本国憲法の下で学問の自由を享受する全ての方々が行う学術の進歩に寄与するのが、この組織の使命です。寄与するというのは、裏方、下働きです。各学問分野から、この人はある程度全体を見て学術の進歩に貢献できるという人を会員にし、ほかの会員や分野を総合的に見てもらい、連携会員を含むみんなで議論して、日本の学問の自由を享受する人びとのために奉仕をする組織です。

この法律の第1条には、大事なことが2つ書いてあります。1つは「日本学術会議は、内閣総理大臣の所轄とする」、そしてもう1つは「経費は、国庫の負担とする」です。ところが、第3条にはっきりと「日本学術会議は、独立して左の職務を行う」と書いてあります。つまり、日本学術会議は内閣総理大臣の所轄ではあるが、内閣総理大臣から独立しているのです。

では何をやるのか。これについては、第3条1項に「科学に関する重要事項を審議し、その実現を図ること」、2項に「科学に関する研究の連絡を図り、その能率を向上させること」とあります。日本で科学に関する議論をするのが仕事だというわけです。

しかも第2条に「日本学術会議は、わが国の科学者の内外に対する代表機関として、科学の向上発達を図り、行政、産業及び国民生活に科学を反映浸透させることを目的とする」とあり、科学・学問と国民生活との関係についても学術会議の仕事と書いてあります。学問の成果は国民生活、行政・産業に反映させてこそのもので、成果を反映させ、浸透するようにすることが仕事だと言っているのです。

また、第4条には、「政府は、左の事項について、日本学術会議に諮問することができる」とあります。まずその第1項にあるのが、簡単にいうと予算の配分です。そのうえに「政府所管の研究所、試験所及び委託研究費等に関する予算編成の方針」、重要施策、その他となっています。科学に関するお金の配分に関しても、政府から諮問を受ければ、答申をするのが仕事だということです。

ところで、これをして「学術会議は政府の諮問機関だ。だからその委員は諮問する側が選べるのだ」と言う人がいます。しかし、第4条はいわば副業で、普段の仕事は第3条に規定されているものです。

また、「2007年以降、学術会議は政府に対して何ら答申を出していない」と言う自民党議員がいました。しかし、答申は政府の諮問を受けて出すものなので、政府が諮問しなければ答申もありません。「2007年以降、政府は学術会議に何の諮問もしてきていない」のです。むしろ、政府はこの間、研究費の配分に関する意見を学術会議に聞くことを意識的に怠ってきました。それは、政府が指名して任命する委員で構成する学術振興会と総合科学政策会議でやっているのです。

さらに第5条には、日本学術会議は政府に「科学の振興及び技術の発達」「研究成果の活用」

「科学研究者の養成」など、いろいろな勧告ができると記しています。

後継者養成に関する事項の提言も学術会議の仕事です。現在、日本は研究論文数などが徐々に減少してきているうえに若手研究者の数も減少するなど、いろいろな問題が生じています。とりわけ理系の研究者は、まず就職するのが大変なうえに、不安定で給料が安いため、担い手が育ちません。こういった問題に関する提言をまとめるのも日本学術会議の仕事ですが、その提言を受けて仕事をするのは政府の責任です。そして、それを実行するのは政治家の責任です。

②法が規定する会員の選び方

第7条では、会員の任命の方法が書かれています。学術会議は全部で210人の会員から成り立つ組織ですが、第7条2項に「会員は、第17条の規定による推薦に基づいて、内閣総理大臣が任命する」と書かれています。これに対し、加藤勝信官房長官は、当初、「内閣総理大臣が任命するのだから、任命しないこともあり得る」と言いました。しかし、憲法第6条を出すまでもなく、任命できるのだから任命できないことも可能であるというのは、一般論では成り立ちません。

さらに第17条には、会員の選び方の基準が書かれています。すなわち、「日本学術会議は、規則で定めるところにより、優れた研究又は業績がある科学者のうちから会員の候補者を選考し、内閣府令で定めるところにより、内閣総理大臣に推薦するものとする」ということです。基準は「優れた研究又は業績がある科学者」です。

もし、内閣総理大臣が推薦を受けた時に、「こいつは任命しない」ということが言えるとするなら、それはこの基準に則るしかありません。しかし、内閣総理大臣は全ての専門研究分野のことが分かるわけがありません。日本のあらゆる学術分野から会員が推薦されるのですから、判断できるわけがないのです。ですから、私はマスコミの取材に対して、「論理必然的に全面的に任命拒否権がないかどうかは分かりませんが、事実としてそういう判断はできないので、事実上拒否権はないと考えるしかありません」と述べています。

事実上拒否権がないのに、拒否したとすると、その理由は学問・研究とは違う理由になってしまいます。日本学術会議が独立して仕事をすることとは違うよからぬことを考えてそうしたと考えるしかないと思います。したがって、結局は、「理由は言えない」、「人事についてのコメントは差し控える」ということで突っぱねるしかありません。

ついでに言えば、「優れた研究又は業績がある科学者」という基準からみて内閣総理大臣がある候補者に疑問を持ったとしても、第7条3項は、２１０名の会員のうち「3年ごとに、その半数を任命する」と書いています。したがって、学術会議が１０５名の会員候補を推薦してきた場合には、これより少ない数しか任命しないということ自体が、この規定に違反します。

例えば、研究の捏造といった疑惑が浮上した会員候補については、学術会議が推薦する前に、その事実を指摘して検討を求めるしかないでしょう。

これに関連することですが、第26条には、いったん会員に任命された方については、「内閣総理大臣は、会員に会員として不適当な行為があるときは、日本学術会議の申出に基づき、当該会員を退職させることができる」とあります。学術会議の会員については、総理が独断でやめさせることはできず、学術会議が申し出ないとやめさせられない、つまり、専門家の側が「確かに不適切だ」と確認して、「そうですね」と言わないとやめさせられないのです。

さらに第25条には、本人から「病気その他やむを得ない事由による辞職の申出」があった時でも、やめさせるには学術会議の同意が必要だという規定まであります。間接的に圧力をかけて本人にやめたいと言わせるということもあり得るので、同意条項があるのだと思います。ここまでの規定があるのに、総理大臣が誰でも任命できるあるいは任命しないでおくことができると言うこと自体、法律を分かっていない人の言葉です。

先にも触れましたように、私は、論文の盗作があるとか、あるいは研究データを捏造しているとかいった理由で、「学問・研究という面からいって確かにこの人は不適切である」というケースであれば、内閣総理大臣の任命拒否ではなく、任命留保で学術会議に検討を求める、そういう非常に合理的で狭い範囲で内閣総理大臣が「ちょっと待て」と言い、推薦者名簿を出し直し、それに基づいて任命するというのは、第7条2項の解釈としてもあり得るとは思っています。しかし、これをいま議論しても仕方がありません。そうではなく、何の理由もなく任命しないことは、どんな解釈をしても法律違反だということ、「本件はどう考えても違法」という一点で、意見は一致することになるし、そうであるべきだと思っています。

学問の自由の意味

①戦争の反省の上に立って作られた組織

日本学術会議は、その創立の時から、研究者が軍事研究を強いられたという戦争の反省の上に立ってつくられた組織です。学術会議が軍事研究に反対するのは、この組織の思想的存立基盤だと、私は思っています。それは、日本では科学者がみんな戦争に動員されたこともありますが、あわせて、軍事研究に突っ込んでいくと、科学者自身が悲劇にまきこまれるということもあったと思います。

なぜなら軍事研究は、実は研究者にとってとても不自由な研究だからです。軍事研究で若い人が研究成果を上げたとします。例えば、絶対にレーダーに見つからないようなミサイルの素材が開発できたとすれば、これを学術雑誌に投稿して自分の業績として公表できるでしょうか、させてもらえるはずはありません。そんなことをしたら軍事研究にならなくなります。そのために特定秘密保護法が8年前にできているのです。

自由に研究成果を公表し、学問で得た成果を世界の人々の幸福に役立てることも、学問の自由に属するものと、私は考えています。日本学術会議法の前文が「人類社会の福祉に貢献」すると述べているのも、これを意味していると思います。

しかし、軍事研究ではそれができなくなるのです。研究者養成についても提言しなければいけない日本学術会議としては、そのような守秘義務を伴う研究を若手研究者養成も使命とする大学でやらせてはならないと言わざるを得ません。

日本学術会議は2017年にも、軍事研究に慎重な態度を採る声明を出しましたが、たとえこれがなくても、大学から防衛省の軍事研究に応募している件数は少ないままだったと思います。学術会議が言おうが言うまいが、そんなところに手を出したら大変なことになると、研究者とくに理系の研究者は直感的に分かっているのでしょう。そんなところで研究能力を上げても、「私はこんな力があります」と言って大学に就職したり、民間の研究機関に就職したりすることはできないからです。

したがって、実際には守秘義務を伴う軍事研究を政府が無理にやらせる、あるいはそれに誘導すること自体が、学問の自由を害してしまうのです。だから、日本学術会議は、学問の自由を守るためには軍事研究へと誘導してはいけない、大学にそんなことをさせてはいけないと言わざるを得ないのです。

そのことをある週刊誌の記者に話したところ、「それって、第二次世界大戦中のドイツ軍の暗号機エニグマの話ですね」と言われました。そのエニグマを解読したというイギリスの天才数学者（アラン・チューリング）の話をモチーフにした映画「イミテーション・ゲーム／エニグマと天才数学者の秘密」が、数年前に封切られました。彼は「自分がその暗号を解読したということを公表すると、国家反逆罪になる。だから誰にも言えない」と言うのだそうです。原水爆の開発もそうですが、自然科学だけで軍事研究に突っ走った人がどんな悲劇に見舞われるかということが、そして自然科学と人文科学は車の両輪でないといけないということがよく分かるエピソードです。

②なぜ「独立して職務を行う」のか

安保法制は、結局、米軍の要請に基づいて、自衛隊をどこにでも派遣しますという法律でした。自衛隊がそうなら、日本の科学技術もそうです。すでに、アメリカに対する軍事技術供与の協定が結ばれていますし、それを担保する安保法より2年前の特定秘密保護法がありますから。そういうなかで本格的に、大学の研究者も含めて、軍事研究に動員しようとして、防衛省に予算をたくさんつけたのに大学が応募しないということで、政権はイライラしています。

若手研究者—中堅の研究者もそうですが—にとって、軍事研究でお金がつくのは、麻薬、あるいはアヘンだと思います。それに手を染めてしまったら、研究成果を成果として自由に発表できませんから、ずっと軍事研究のなかで生きていくしかありません。軍事研究の研究者として役に立たなくなったら、放り出されます。それでは科学者として終わりです。そういうことが分かっているのに、軍事研究に科学者を動員しようとする国の政策に対して、日本学術会議が「ちょっと待て」と発言ができないことなどあり得ません。

軍事研究に抵抗するのは科学者の学問の自由を守る行動なのです。軍事研究をさせないから、日本学術会議は学問の自由を侵害していると言っているのは、そのことを分かっていない人たちです。科学技術のこれまでの歴史から何も学んでいないということです。

そういう歴史をふまえた日本学術会議の性格からすれば、日本学術会議法前文が、「わが国の平和的復興、人類社会の福祉に貢献し、世界の学界と提携して学術の進歩に寄与することを使命とし」と書いて、学問ないし科学技術の固有の論理から、政府に対して科学技術政策についてのいろいろな検討と提言を行うのが任務だとしていることには必然性があります。さらに第3条には、「日本学術会議は、独立して左の職務を行う」と書いているわけです。政治に左右されてはいけない、学問固有の論理で検討できる、審議ができるというのでないといけないというのが、この条文なのです。

本当に改革すべきことは何か

政府や自民党は、学術会議の改革を言います。それは「論点ずらし」ですが、しかし、建前として、「学術会議を改革しなければいけない。なぜなら学術会議は軍事研究に抵抗しているからだ」などとは決して言えません。なぜ学術会議を改革しなければいけないのか、その理由を言えないのです。われわれ6名を任命しなかった理由を言えないのと同じです。

学術会議を改革しなければならないというのは、今回の任命拒否問題とは筋違いの話です。むしろ今問題になるのは、法律に105名任命せよと書いてあるにもかかわらず6名を外したということがなぜ官邸で行われたのかという、官邸における意思決定の不透明性です。改革すべきは官邸の中での意思決定の不透明性だと言わなければなりません。

むしろ日本学術会議で改革すべきことは、学術会議への予算が足りないことです。現在は、会議をするための出張旅費が年度後半になると出ないという程度の規模の予算しかありません。年間10億円というのはその程度の予算でしかないということです。私は連携会員として京都から東京の会議に参加していましたが、13年前に年3回目の会議の際、事務局から「予算が足りません。日当と交通費を辞退していただけませんか」というメールが来た時は驚きました。日本学術会議は、そのように、いわば「手弁当」で運営されているのです。ちなみに、東京オリンピック・パラリンピック組織委員会予算Ｖ５（バージョン５）は、昨年２０２０年12月に７２１０億円となり、Ｖ４（バージョン４）と比較して９１０億円増額されたそうです。

アメリカやイギリスのアカデミーと日本の学術会議を比較して、前二者が民間組織だと強調した報道も見られます。そして、両国の学者団体には税金は投入されていないと嘘をつく方もいます。しかし、政府組織であっても、日本学術会議も、政府から独立して職務を行う点では英米と同じです。その設置形態については、２０１５年に内閣府に設置された「日本学術会議の新たな展望を考える有識者会議」において、変更の必要はないとされているのです。

ところで、その米国では１９９７年の時点で、全米科学アカデミーの運営費約２１０億円のうち８割に公的資金が投じられています（２０１７年は、運営費は約３１５億円を超えたとされています）。英国王立協会では２０１３年度の収入97億円のうち約65億円が公的資金です。、米英のアカデミーには政府からの補助金が日本の数十倍もあることに注目すべきです。今現在、日本学術会議について改革すべき課題があるとすれば、むしろこの点です。

懸念される解釈の暴走と独裁

私が、この間、懸念しているのは、憲法15条１項の公務員の選定罷免権を根拠に、おどろくような議論がまかり通っていることです。内閣総理大臣は、間接的にせよ国民に選ばれているのだから、内閣総理大臣に任命権がある公務員については、総理が国民の公務員選定罷免権を根拠に自由に選定し罷免することができるという議論です。そんな解釈を、官房長官をはじめとする官邸側が言い出しています。

しかし、憲法の条文をきちんと読めば、公務員の選定罷免権は国民に由来するということを述べており、最終的に国民主権ということを担保しているだけだということが明らかになります。これは、憲法のどの教科書にも書いてあることです。決して、内閣総理大臣が好き勝手に公務員を選べることを根拠づける規定ではありません。

それどころか、憲法73条は「内閣は、他の一般行政事務の外、左の事務を行ふ」としたうえで、その第1号に「法律を誠実に執行し、国務を総理すること」と書いてあります。もちろん、日本学術会議法は、ここにいう「法律」です。それは、国民の代表から成る国会において制定されたものです。したがって、内閣総理大臣が学術会議法に従い、学術会議の推薦された候補者105名をそのまま会員に任命することは、まさに、国民の公務員選定罷免権を尊重することなのです。

しかし、そのことを理解しないで憲法15条1項を公務員選任の「一般条項」として用い、意に沿わない公務員はやめさせるという態度を菅政権が取り続けるなら、さらに懸念すべきことが出てきます。なぜなら、形式上内閣総理大臣ないし内閣が任命する役職は、学術会議の会員にかぎらず、たくさんあるからです。裁判官も、裁判所の名簿に基づいて内閣が任命するのが憲法の規定です。

そこで、このような「一般条項」を持ち出したら、裁判官についても自分たちの意向に沿った人間でないと任命しないということもできるわけです。今日いろいろな問題が生じている国立大学の学長も同じです。このような「一般条項」を持ち出すのは、公務員の人事を通じて全権を内閣総理大臣に集めると言っているのに等しいことです。このような解釈は、憲法15条1項をナチスドイツの全権委任法にしてしまうものです。

あまりにもばかばかしいので、まともな人はそんな解釈を本気で受け取らないでしょうが、法律を知らない人はそうかなと思ってしまいます。だから放置してはいけないのです。侮れないのは、実際に、いろいろなルートを使って、いろいろなデマを使って政府の解釈は正しいと流布している人がいることです。大学のなかにもいます。これを克服するには、これは大問題だということを言い続けるしかないと思います。

これは法治国家の危機でもあります。そして、これは専門家が言わなければならない問題です。無茶苦茶なことは、本当に無茶苦茶なんですよということを専門家がまず指摘して、理解を広げなければいけません。その責任が専門家にはあると思います。

著者紹介

上脇 博之（かみわき ひろし）

1958年鹿児島県霧島市生まれ。関西大学法学部卒業、神戸大学大学院法学研究科博士課程後期課程単位取得。北九州市立大学法学部講師・助教授・教授、神戸学院大学大学院実務法学研究科教授を経て、2015年4月から同大学法学部教授。専門は憲法学。「政治資金オンブズマン」共同代表、「国有地低額譲渡の真相解明を求める弁護士・研究者の会」「政府の公文書のあり方を問う弁護士・研究者の会」「『桜を見る会』を追及する法律家の会」各会員、公益財団法人「政治資金センター」理事など。

阪口 徳雄（さかぐち とくお）

1942年生まれ。大阪府岸和田市出身。大阪市立大学法学部卒。大企業の違法行為を追及する株主オンブズマンを設立。国会議員の政治とカネ問題を政治資金規正法違反などで告発する政治資金オンブズマンの共同代表。告発した国会議員は50名を超える。政府の公文書のあり方を法的手段を活用して政権、官僚たちの非常識を市民の目線で裁くことが残りの人生の課題。『司法はこれでいいのか。— 裁判官任官拒否・修習生罷免から50年』（共著、現代書館）において、著者の経歴は詳しい。

前川 喜平（まえかわ きへい）

1955年奈良県生まれ。1979年東京大学法学部卒業、文部省に入省。文部大臣秘書官、大臣官房長、初等中等教育局長、文部科学審議官などを経て、2016年文部科学事務次官。2017年退官。現在、現代教育行政研究会代表、日本大学文理学部非常勤講師。福島市と厚木市で自主夜間中学のスタッフも務める。著書に『面従腹背』（毎日新聞出版）、『前川喜平「官」を語る』（宝島社）、『官僚の本分』（共著、かもがわ出版）、『この国の「公共」はどこへゆく』（共著、花伝社）など。

小野寺 義象（おのでら よしかた）

1955年宮城県気仙沼市生まれ。早稲田大学法学部卒業。1988年弁護士登録：仙台弁護士会所属（一番町法律事務所）。宮城憲法会議幹事長、自由法曹団宮城県支部支部長、自衛隊の国民監視差止訴訟（国賠勝訴）弁護団事務局長、年金減額違憲訴訟、トンネルじん肺根絶訴訟、建設アスベスト訴訟、南スーダンＰＫＯ違憲訴訟などに関与。「桜を見る会」を追及する法律家の会事務局長、「桜を見る会」を追及する弁護士の会共同代表。

石戸谷 豊（いしとや ゆたか）

1976年に弁護士登録し（神奈川県弁護士会）、薬害のスモン訴訟を契機として消費者問題に入り、その後は投資取引被害の救済や法制度の改善などを始めとする消費者問題に取り組んでいる。日本弁護士連合会では消費者問題対策委員会委員長、国の関係では内閣府消費者委員会委員（委員長代理）などを歴任。現在、全国ジャパンライフ被害弁護団連絡会代表。主な共著として、『新・金融商品取引法ハンドブック（第4版）』（日本評論社）、『特定商取引法ハンドブック（第6版）』（日本評論社）。

岡田 正則（おかだ まさのり）

早稲田大学法学部卒、同大学院法学研究科単位取得退学。博士（法学・早稲田大学）。金沢大学講師・助教授、南山大学教授を経て、現在、早稲田大学法学学術院教授（早稲田大学比較法研究所長、法学学術院副学術院長）。日本学術会議連携会員。専門は、行政法学。主な著書として、『国の不法行為責任と公権力の概念史』（弘文堂、2013年）、『判例から考える行政救済法［第2版］』（共著、日本評論社、2019年）、『法の支配と法治主義』（編訳、成文堂、2020年）。

松宮 孝明（まつみや たかあき）

1958年3月滋賀県生れ。京都大学法学部卒業、京都大学大学院法学研究科学修退学。京都大学助手、南山大学法学部専任講師、立命館大学法学部助教授、同教授を経て、現在、立命館大学法科大学院教授。2008年から2020年まで日本学術会議連携会員。主著として、『過失犯論の現代的課題』（成文堂、2004年）、『刑法総論講義（第5版補訂版）』（成文堂、2018年）、『刑法各論講義（第5版）』（日本評論社、2018年）、『先端刑法総論』（日本評論社、2019年）、『「共謀罪」を問う』（法律文化社、2017年）など。

ストップ‼ 国政の私物化

2021年 4 月 1 日　第 1 刷発行 ©

著　者―上脇博之、阪口徳雄、前川喜平
小野寺義象、石戸谷豊、岡田正則
松宮孝明

発行者― 岡林信一
発行所― あけび書房株式会社
102-0073 東京都千代田区九段北 1-9-5
☎ 03. 3234. 2571 Fax 03. 3234. 2609
info@akebishobo.com http://www.akebi.co.jp

印刷・製本／モリモト印刷 ISBN978-4-87154-188-6 C3036